RÉALITÉ DES APPARITIONS ANGÉLIQUES

ISBN 2-910972-01-1
ISSN 1262-3199

un ange passe

RÉALITÉ DES APPARITIONS ANGÉLIQUES

R.P. Dom Bernard-Marie Maréchaux

Editions Bénédictines

Préface de l'éditeur

Les anges font aujourd'hui couler beaucoup d'encre. Par voie de presse, d'édition, ils déferlent sur notre terre, tel le dernier phénomène à la mode... En vérité, qui sont-ils, d'où viennent-ils et où nous emmènent-ils ?

À ces questions, l'Eglise a répondu, voici près d'un siècle, par la voix d'un de ses fidèles serviteurs, auteur des ouvrages que nous rééditons . Dom Bernard-Marie Maréchaux (1849-1927), était père bénédictin de la congrégation olivétaine. En 1871, sa licence de droit en poche, frère Bernard entre au jeune monastère de Notre-Dame de la Sainte-Espérance à Mesnil-Saint-Loup. Son fondateur, le révérend père Emmanuel André reçoit sa profession en 1872, et lui assure une solide formation théologique. Après son ordination en 1876, le père Maréchaux officie dans plusieurs paroisses du diocèse de Troyes avant d'être nommé prieur au monastère de Soulac, en Gironde. En 1899, il revient à Mesnil-Saint-Loup pour seconder le père Emmanuel dont la mort survient quatre ans plus tard. Appelé à Rome, Dom Maréchaux est alors nommé abbé du monastère de Sainte-Françoise-Romaine et procureur général de la congrégation olivétaine. Très estimé du Pape Pie X qu'il rencontre à plusiseurs reprises, le saint prêtre devenu abbé de Notre-Dame de la Sainte-Espérance retourne en 1914 au Mesnil où il mourra le 24 décembre 1927.

Dom Bernard-Marie Maréchaux est l'auteur de plusieurs ouvrages de référence dont une vie de saint Benoît. Outre ses connaissances reconnues en théologie (avec une prédilection pour saint Augustin et les pères de l'Eglise), sa vie d'ascète et sa parfaite obéissance à la Règle, on retiendra de lui une profonde dévotion envers la Sainte Vierge et une fidélité sans faille au Souverain Pontife.

En choisissant de rééditer ces trois tomes consacrés aux anges qui ont reçu l'imprimatur en 1901, nous souhaitons exprimer à notre tour cette fidélité à l'Eglise ainsi qu'au magistère de Jean-Paul II. Le livre de Dom Maréchaux se referme à l'aube de notre siècle. Pour autant, la musique des anges n'est pas une mélodie du passé. Gemma Galgani, le Padre Pio, sainte Myriam, Mère Yvonne-Aimée de Jésus, Thérèse Neumann, le père Lamy, favorisés d'apparitions et de secours angéliques, en font notamment la démonstration. Les petits enfants de Fatima voient l'ange (du Portugal) et communient de sa main... À San Damiano, Rosa di Gésu-Maria décrit les archanges à plusieurs reprises.

Que les saints sourient aux anges (et réciproquement) est un privilège, somme toute, assez logique. Que la même faveur soit octroyée au commun des mortels paraît être un des signes de notre temps. En témoignent plusieurs ouvrages parmi lesquels "Enquête sur l'existence des anges gardiens" de Pierre Jovanovic, "Par la grâce des anges gardiens" de Joan Wester Anderson, etc. Des récits inédits de manifestations angéliques feront d'ailleurs l'objet d'une prochaine parution de la collection "Un ange passe". En préparation également, une réflexion approfondie et contemporaine sur le ministère des anges et des archanges, mais aussi des dialogues, des débats avec des personnalités familières de ces esprits célestes.

Pieusement entretenu par divers mouvements religieux (tels l'Association des Saints-anges gardiens 21, montée Saint-Laurent, 69005 Lyon), le culte des anges gardiens fait de nouveaux adeptes par des voies pas toujours officielles. L'abondance des productions ésotériques et occultes, les dérapages vers un spiritisme modernisé, tout un délire illuministe, l'engouement vers un "créneau porteur" semblent justifier les anciennes mises en garde de l'Eglise des premiers siècles. En ce domaine, la fragilité humaine, les superstitions, le monde et ses illusions, les pièges de l'Ennemi font merveille et... désillusions !

Pour nous garder de toute confusion et de tout mélange, nous confions aux neuf chœurs des anges et à l'Esprit qui les anime l'ensemble de cette collection.

St-Benoît-du-Sault, 31 mai 1995,
Visitation de la Sainte Vierge,
Mère de Dieu et Reine des Anges

Si vous avez le sentiment d'avoir été aidé par les anges, dans des circonstances exceptionnelles ou non de votre vie, vous pouvez nous en faire part en adressant un courrier aux Editions Bénédictines - Place des Augustins - 36 170 St-Benoît-du-Sault.
Nous vous remercions d'avance de vos témoignages qui pourront servir à un prochain livre sur l'intervention des saints anges dans la vie de chacun.

Avant-propos de l'auteur

Mon étude sur les apparitions démoniaques réclamait comme complément celle que j'offre en ce moment au public. Aussi bien l'éminent directeur de la "Revue du Monde Invisible", Mgr Méric, m'a-t-il vivement engagé à le faire, en des termes d'une bienveillance qui constitue pour moi le plus précieux des encouragements.

J'avoue bien volontiers qu'il eût été plus normal de commencer par les anges que par les démons. Logiquement la lumière est antérieure aux ténèbres, et l'effigie d'une médaille passe avant le revers. La nature angélique demanderait à être envisagée dans sa pureté native, avant de l'être dans la déformation qui l'a si tristement défigurée.

Ce sont les circonstances qui ont amené tout d'abord sur le tapis la question des manifestations démoniaques. Tout bien considéré, et prenant les choses par le côté pratique, je ne regrette pas de l'avoir traitée en premier lieu. Car elle est plus frappante, et s'impose davantage à l'attention. Ce qui touche aux saints anges a un caractère plus intime.

Serait-il plus difficile de prouver la réalité des apparitions angéliques ? Cela dépend du point de vue auquel on se place. La démonstration est certainement plus facile en ce qui concerne la sainte Écriture, car les apparitions angéliques y surabondent ; elle est peut-être plus ardue en ce qui concerne les saints, non pas que les apparitions célestes des esprits ne soient très fréquentes dans leur merveilleuse existence, mais parce qu'il est souvent plus malaisé d'en saisir la trace parfois si légère et si impalpable.

Le diable est une trombe qui renverse tout sur son passage ; l'ange, une brise légère qui se contente de relever sur leur tige les plantes alanguies. Le diable fait irruption auprès des saints comme le brigand de nuit qui frappe et qui tue, ou comme le vaurien des rues qui persiffle et qui ricane ; l'ange descend à leurs côtés, comme le rayon de lumière qui filtre d'en haut, ou plutôt comme l'ami qui cherche l'intimité et qui parle bas pour n'être pas entendu au dehors. Il est aisé de reconnaître la présence du diable au vacarme qu'il fait, aux coups qu'il décharge sur les amis de Dieu, aux blessures qu'il leur inflige ; les suaves réconforts, produits par l'assistance des anges, ne laissent pas de vestiges appréciables à l'œil charnel.

Néanmoins j'estime que, même sans faire appel à l'autorité des divines Écritures, il est très possible de prouver la réalité des apparitions angéliques, à savoir par les simples témoignages recueillis dans la vie des saints. Maintes fois en effet, les anges apparaissent publiquement ou quasi publiquement. En ce cas, ou bien ils se montrent sous une forme éclatante et lumineuse, décelant tout d'abord leur nature, ou bien ils revêtent l'apparence humaine soit d'un messager, soit d'un guide, soit d'un pauvre ; leur disparition subite à un moment donné fait voir qu'on a eu affaire à des esprits célestes.

Ce genre d'apparitions, dûment établi, emporte avec lui une réalité physique. Parfois les anges ne se montrent pas à tous les yeux ; mais des chants célestes ou des odeurs paradisiaques trahissent leur présence qui n'est aperçue que des saints.

Outre ces signes, j'invoquerai comme probant le témoignage des grands saints, lorsqu'ils nous disent : "J'ai vu les anges, un esprit céleste s'est montré à moi". Ainsi que je l'ai fait observer en ce qui concerne les faits démoniaques, il est des témoignages qui s'imposent d'eux-mêmes, par l'autorité de la bouche qui les prononce.

Ici encore je suivrai l'ordre chronologique. Mais je dois déclarer et je le fais avec empressement, que j'ai trouvé les grandes lignes de mon travail tracées dans les Bollandistes (1) ; c'est une bonne fortune pour moi, et une précieuse recommandation aux yeux des lecteurs. Au 29 septembre, à l'occasion de la fête de saint Michel, les grands hagiographes relatent siècle par siècle, ce qu'ils appellent "les bienfaits conférés aux saints par le ministère des anges". C'est une étude magnifiquement documentée et d'un puissant intérêt. Je ne relève pas tous les faits qui s'y trouvent cités, cela allongerait démesurément mon travail ; je donne un certain nombre de faits qui s'y trouvent omis. Mais enfin, le fond de mon étude est basé sur l'autorité des Bollandistes.

Si quelques-uns de mes lecteurs avaient des doutes sur l'authenticité des documents que j'emploie, je les prierais de se reporter à la source où je les puise. Ils verraient avec quel dis-

---

(1) Les Bollandistes : gigantesque recueil, paru au XVIIème siècle, de la vie de tous les saints et bienheureux de l'Eglise, y compris de l'Ancien Testament. Cette œuvre de référence, réalisée par des Pères Jésuites, était dirigée par le père Bolland (1596-1665) qui lui a donné son nom.

cernement critique, et parfois avec quelle sévérité, les Bollandistes mettent de côté les documents qui ne sont pas de première main. Spécialement, leur étude sur "les manifestations angéliques en faveur des saints" est accompagnée de dissertations qui indiquent le choix le plus judicieux des faits et des preuves.

M. l'abbé Ribet, dans sa "Mystique divine", a une très belle dissertation sur les anges comme objet de visions. Il fait observer tout d'abord que ce qui est le mieux accommodé à la nature angélique, ce sont les visions intellectuelles ou tout au moins imaginatives. Les premières même sont, rigoureusement parlant, les seules qui soient proportionnées à l'immatérialité de ces purs esprits ; et toutefois elles sont rares, car par le fait même qu'elles sont en parfait rapport avec la nature de l'ange, elles conviennent moins à la nature sensible de l'homme à qui ces manifestations s'adressent. On en trouve des exemples dans sainte Thérèse : elle voit la très sainte Vierge escortée par une multitude d'anges, non sous une forme sensible, mais par un simple regard de l'esprit, parce que, nous dit-elle, "la vision était intellectuelle".

Les visions imaginatives des anges, remarque le même auteur, sont plus multipliées ; et la subtilité avec laquelle ils s'insinuent dans nos facultés sensitives montre bien quelle est l'immatérialité de leur nature. Ainsi fréquemment ils apparaissent en songe, comme ils le firent à saint Joseph et à d'autres saints personnages de l'Ancien Testament et du Nouveau Testament.

Viennent en troisième lieu les visions corporelles des esprits célestes qui font proprement l'objet de cette étude. Elles montrent jusqu'où va l'extrême condescendance des anges. Ces pures intelligences daignent pour ainsi dire s'humaniser, afin d'entrer de plain-pied en relation avec nous. Mais il importe d'indiquer brièvement comment se produisent les manifestations physiques des anges ; car on pourrait se faire à leur sujet des idées fausses. Les esprits angéliques puisent dans les éléments matériels de quoi apparaître à nos yeux, soit sous une forme aérienne par une condensation de l'air ambiant, soit dans un corps analogue aux nôtres qu'ils constituent en un clin d'œil par une opération très subtile. Mais remarquons-le bien, même s'il s'agit d'un corps solide et pourvu de ses organes, ils ne l'animent pas, ils ne l'*informent* pas, comme fait notre âme vis-à-vis du corps qui lui est conjoint en unité de nature. En un mot, il n'y a pas union *substantielle* entre l'ange et son corps d'emprunt, mais seulement union *accidentelle* : il se contente de le soutenir et de le gouverner par le dedans, sans le compénétrer jusqu'à l'intime, sans en être le principe vital, sans le rendre proprement vivant. Cet aperçu sommaire d'une question très intéressante suffira pour le moment à éclairer mon sujet.

Ces visions corporelles des anges ont-elles été nombreuses ? Sans aucun doute. Celles que je rapporterai ne sont qu'une minime partie des manifestations angéliques que l'on pourrait relever dans la vie des saints.

Les anges sous l'Ancien Testament

J'ai dit plus haut qu'il était très possible de démontrer la réalité physique des apparitions des anges, même abstraction faite des récits bibliques et évangéliques, avec la simple vie des saints. Mais je n'ai garde de laisser de côté les textes de la sainte Écriture relatifs à ces apparitions ; ils sont trop nettement décisifs pour ma thèse, par la clarté d'évidence qui en ressort, et aussi par leur nombre. Le docte Suarez dit qu'on ne peut mettre en doute la réalité des apparitions angéliques d'après les livres saints, sans aller contre la foi ; car elles sont exprimées en un langage qui exclut toute ambiguïté.

Qu'on me permette ici d'embrasser la théorie des anges en toute son ampleur.

L'existence d'un monde angélique ne saurait être démontrée *à priori* par une argumentation strictement concluante. Aucun être créé n'a ce caractère de nécessité, d'où l'on puisse interférer la réalité de son existence. Toutefois il est dans l'harmonie d'ensemble des choses que les anges existent, à savoir comme intermédiaires naturels entre Dieu esprit créateur et infini, et la création matérielle de laquelle l'homme, composé de corps et d'âme, est l'unité la plus élevée. En un mot, au-dessous de Dieu qui est, comme disent les Pères, incorporel et incirconscrit, au-dessus de l'homme, être à la fois spirituel et corporel, il y a place pour l'être uniquement spirituel qui est l'ange. Il n'est pas, lui, circonscrit dans un corps, mais il l'est dans une essence limitée ; et en cela il diffère profondément de Dieu. Tel est donc le tableau que présente le monde. L'être, dérivant de Dieu, source immanente et très pure, tombe, par voie de création, premièrement dans l'ange en qui il se limite aux bornes d'une essence spirituelle, puis dans l'homme où il revêt un caractère mixte, et enfin dans la création purement matérielle où il se condense à différents degrés depuis l'être vivant jusqu'à l'être inanimé.

Mais l'ange n'est pas seulement une note harmonieuse, un anneau étincelant dans l'ensemble des êtres. C'est encore un ministre de Dieu pour le bon gouvernement de l'univers, un instrument des opérations bienfaisantes de la Providence. Car il est dans l'ordre, nous dit saint Thomas après saint Denys, que les êtres inférieurs soient rattachés et comme ramenés à l'Être infini par les créatures intermédiaires.

Saint Grégoire le Grand dit quelque part : "Le Très-Haut se revêt d'un vêtement de beauté, parce qu'il prend autour de lui et associe à son éclat les chœurs des anges qu'il a créés". Les anges sont le vêtement de Dieu ; ils adhèrent à Lui et participent à ses mouvements : l'éclat insoutenable de la lumière incréée les compénètre et rayonne au travers de leur pure essence ; il se tempère en quelque sorte en passant par eux, et même se disperse en différents rayons comme la lumière dans un prisme. Les anges, prosternés autour de Dieu dans une adoration béatifique, suivent les indications de sa volonté avec la promptitude de l'éclair et exécutent ses ordres avec l'énergie d'un feu dévorant. Là où se porte la volonté divine, ils vont, incoercibles dans leur élan ; et leur influence active et constante maintient l'ordre dans la création inférieure. Rappelez-vous une fresque de la Sixtine où l'on voit l'Ancien des jours allant à travers l'espace d'un mouvement puissant et emportant, autour de lui, de beaux jeunes gens qui ne forment avec lui qu'un même groupe sublime : ainsi les anges adhèrent à la divine Essence et en sont inséparables.

Du moment où l'homme fut créé, les anges entrèrent en rapport avec lui. Il était des leurs : son âme était la sœur, plus tendre et plus frêle, de ces purs esprits. En quoi consistaient ces rapports ? On l'ignore. Tout porte à croire que les anges prenaient souvent des formes sensibles pour se manifester au premier couple humain, à savoir des formes humaines, peut-être même parfois des formes animales pleines de noblesse (1). La facilité avec laquelle la femme engage la conversation avec le serpent, le chérubin mis à la porte du paradis pour le garder, nous sont des indices que nos premiers parents étaient coutumiers des apparitions angéliques.

Les voilà tombés : vont-elles cesser ? Nullement. L'homme déchu, par une grande miséricorde divine, est placé sous la main des anges. Ils sont les médiateurs du Testament ancien, destinés à préparer la venue de Jésus-Christ. Saint-Paul nous dit que la loi mosaïque, dans son économie figurative, a été disposée par les anges (Gal., III, 19). Lisez le splendide début

(1) Ce qui porterait à le croire, c'est que la femme ne semble pas surprise que le serpent lui parle, c'est que parfois les anges apparurent aux saints sous la forme de beaux oiseaux, c'est que les êtres de la création sont pris souvent comme des symboles.

de l'Epître aux Hébreux : il en ressort que les anges sont les ministres de l'ancienne alliance, alors que Jésus-Christ, le propre fils de Dieu, est l'initiateur et le consommateur de la loi nouvelle.

Les anges serviront de tuteurs à l'humanité en état d'enfance. Arrivée avec Jésus-Christ à l'âge adulte, elle les aura comme aides et compagnons. En aucun temps elle ne sera destituée de leurs secours.

Il n'est pas expressément question des anges dans le récit du Déluge. Mais quand l'Écriture nous dit que "la Sagesse gouverna le Juste au moyen d'un bois méprisable" (Sap., X, 4), il est hors de doute qu'elle employa à cette préservation le ministère des esprits angéliques ; ils tenaient le gouvernail de l'arche sur les eaux débordées.

Là où leur action tutélaire commence à se manifester d'une manière ininterrompue, c'est à la naissance du peuple de Dieu. L'apparition visible, tangible, de trois personnages mystérieux à Abraham, est connue de tous. L'un prend le nom du Seigneur ; était-il purement et simplement un ange se présentant au nom du Très-Haut ? C'est la pensée de la plupart des interprètes (2). Quoiqu'il en soit, ses deux compagnons sont appelés

(2) Beaucoup pensent que les anges sont les auteurs et comme les "acteurs" des théophanies qui ont eu lieu dans l'Ancien Testament. Ce sentiment a pour fondement principal ce que dit saint Étienne parlant au Sanhédrin, qu'"un ange apparut à Moïse au désert du Sinaï dans la flamme du buisson ardent" (Act., VII, 30). Or cet ange tenait la place de Dieu, et figurait la personne de Dieu. D'autres interprètent différemment ce passage et disent que le mot "ange" est mis pour le Seigneur lui-même en tant qu'il se manifeste. Ce n'est pas le lieu de discuter à fond la question.

ouvertement des anges. Abraham leur donne à tous trois l'hospitalité. Les deux anges se détachent et s'en vont trouver Loth qui les reçoit à son tour ; le peuple de Sodome a vu les deux nobles et beaux étrangers et médite contre eux des pensées infames ; mais les anges le frappent de cécité et retirent le juste Loth du milieu de la cité vouée aux vengeances divines (Gen., XVIII, XIX).

Cette protection des anges s'étend sur Agar la servante ; et je ne sais s'il est, dans toute la Bible, un épisode plus touchant que celui de la pauvre créature fuyant dans le désert la colère de Sara et y trouvant l'ange du Seigneur qui lui parle familièrement, la rassure et lui annonce la naissance d'Ismaël avec les destinées de cet enfant. Les anges ont donc des attentions et des tendresses particulières pour les humbles et les petits, pour les déshérités, pour les persécutés. Une seconde fois, alors qu'Agar est chassée des tentes d'Abraham dont le cœur saigne à son sujet et que, projetée dans la solitude, elle va périr de soif avec Ismaël, une voix angélique la réconforte et lui fait trouver un puits aux eaux rafraîchissantes (Gen., XVI, 7 ; XXI, 17).

L'héritier des promesses, Isaac, ne doit pas moins à la sauvegarde des anges que le fils de la servante. L'un deux arrête le bras d'Abraham alors que, faisant violence à son cœur par un acte de sublime obéissance, il s'apprête à immoler Isaac (Gen., XXII, 11). Un ange sert d'entremetteur secret dans les noces de ce patriarche avec Rébecca (Id., XXIV).

Jacob est très familier de ces apparitions mystérieuses, dont quelques-unes sont imaginatives mais la plupart, d'après le contexte, incontestablement réelles. Endormi sur la pierre de

Béthel, il voit se dresser au-dessus de sa tête une échelle le long de laquelle des anges montent et descendent. Quand il est chez Laban, un ange l'avertit que le moment est venu de retourner en Chanaan. Sur la route, il voit des légions d'esprits célestes, et s'écrie : "C'est là le camp de Dieu". Puis il lutte toute la nuit avec un être à forme humaine, dans lequel, d'après le prophète Osée, il faut reconnaître un ange (Osée, XII, 34). Sur le bord de la tombe, cassé et aveugle, mais éclairé d'en haut, il invoque sur la tête de ses petits-fils, les fils de Joseph, Ephraïm et Manassé, l'ange qui l'a retiré sain et sauf de tous les dangers (Gen., XXVIII, 12 ; XXXI, 11 ; XXXII, 1 ; XLVIII, 16).

Les anges, qui ont veillé sur les patriarches et qui les ont guidés dans toutes leurs voies, protègent le peuple de Dieu devenu adulte et quittant l'Égypte. Un ange, sans doute l'ange de Jacob, marche avec la nuée à l'avant-garde des Hébreux émigrants ; au passage de la mer Rouge, il se porte à l'arrière-garde pour les défendre des poursuites de Pharaon (Ex., XIV, 19). À plusieurs reprises, un ange est annoncé à Moïse comme conducteur du peuple vers la Terre promise : à côté du guide visible Moïse, il y a un guide invisible, l'ange du Seigneur, dont la présence se déclare souvent par des interventions miraculeuses.

Les "Nombres" relatent l'étrange manifestation d'un ange arrêtant, l'épée levée, l'ânesse de Balaam le faux prophète. L'ânesse, on le sait, prend une voix humaine pour avertir son maître du danger qu'il court. Et celui-ci, à son tour, voit l'esprit céleste qui lui barre le chemin. Ce fait biblique, qu'on ne saurait détourner du sens littéral, n'est pas un cas d'hallucination

(Num., XXII, 22, 36).

L'ange chargé du peuple de Dieu ne cesse pas son office, quand les Hébreux sont arrivés à la Terre promise. Il apparaît à Josué dans la campagne de Jéricho, sous la forme d'un guerrier, le glaive en main : "Je suis, lui dit-il, le chef de l'armée du Seigneur" (Josué, V. XIII, 16). Plus tard, quand la conquête est définitive, il se montre visiblement aux yeux du peuple, et lui adresse de vifs reproches de son peu d'obéissance aux ordres du Seigneur ; à cette prédication d'un nouveau genre, le peuple éclate en sanglots ; et l'endroit où se passe cette scène si remarquable s'appelle désormais "le lieu des pleurants" (Jud., II, 5).

Les manifestations angéliques continuent au temps des Juges. Un ange se montre aux yeux de Gédéon, lui annonce qu'il exterminera Madian et appuie sa prophétie par la descente du feu du ciel sur le sacrifice de l'Israélite. Un peu plus tard un ange annonce à la femme de Manué et à Manué lui-même la naissance de Samson ; et l'envoyé céleste remonte vers Dieu dans les flammes d'un holocauste (Jud., VI, 11-22 ; XIII, 3-21).

L'histoire sainte ne mentionne pas expressément l'action visible des anges dans la vie si dramatique de David. Mais comment nier que le saint roi ait parlé par expérience, quand il a chanté : "Dieu a commandé à ses anges de te garder dans toutes tes voies ; ils te porteront dans leurs mains, de crainte que ton pied ne heurte contre la pierre. Tu marcheras sur l'aspic et le basilic ; tu fouleras aux pieds le lion et le dragon" (Ps., XC). Sur la fin du règne de David, en punition d'un péché de vanité qu'il avait commis, terrible exemple qu'on ne saurait trop méditer, un ange extermina par la peste 70 000 Israélites :

apaisé par les supplications et par les holocaustes du saint roi, il remet visiblement l'épée au fourreau. Les anges sont donc les ministres des fléaux de Dieu (I Paral., XXI).

Le prophète Élie est sous la garde des anges. C'est un ange qui lui présente le pain miraculeux dont la vertu le soutient durant un voyage de quarante jours. C'est un ange qui lui enjoint d'annoncer à Ochosias et à Achaz leur mort imminente (III Reg., XIX, 5 ; Reg., I, 15).

L'œil d'Élisée suit les mouvements des armées angéliques venant au secours de la ville qu'entourent les cavaliers et les chars du roi de Syrie ; il obtient du Seigneur que son serviteur contemple avec lui ce merveilleux spectacle, cavaliers célestes, chariots de feu (IV Reg., VI, 17).

L'ange exterminateur vient au secours d'Ézéchias que tient assiégé Sennachérib ; en une nuit, il jonche le sol de 185 000 ennemis (Id., XIX 35).

Durant la captivité, les saints anges suivent les pieux Israélites dans leur exil. On connaît l'histoire de Tobie : l'archange Raphaël sous forme humaine, entre en scène, et accomplit toute une série de touchants prodiges en faveur de cette famille bénie de Dieu : c'est l'action invisible des esprits célestes rendue visible et palpable ; c'est le poème dramatique des anges gardiens.

Judith luttant pour la liberté de sa patrie, témoigne qu'un ange l'a ramenée non seulement saine et sauve, mais pure de toute souillure (Jud., XIII, 20).

Les anges apparaissent à tout moment dans les récits et dans les prophéties de Daniel. Ils descendent avec les enfants dans la fournaise et écartent d'eux les flammes dévorantes ; ils descendent avec le prophète dans la fosse aux lions et ferment la gueule de ces fauves indomptés; ils transportent auprès de lui le prophète Habacuc qui lui présente de quoi manger (Dan., III, 49 ; VI, 22 ; XIV, 32). Daniel, l'homme de désirs, au cœur humble et pur, a la vision d'un ange en tout son éclat ; il en est ébloui, il s'évanouit ; l'ange le rassure et l'introduit dans les conseils des esprits célestes et de Dieu lui-même (Id., X).

Nous ne parlons pas des autres prophètes, notamment Isaïe, Ezéchiel, Zacharie, qui mentionnent souvent des apparitions angéliques, parce qu'il est probable que ces visions pour la plupart furent intellectuelles ou imaginatives.

Les livres des Macchabées mentionnent fréquemment l'intervention des saints anges. L'impie Héliodore, voulant forcer et piller le temple, est renversé et piétiné par un cavalier mystérieux, tandis que deux jeunes hommes apparaissant tout à coup, le fustigent sans pitié (II Mach., III, 25-26). Judas Macchabée demande au Seigneur qu'il daigne envoyer un bon ange pour le salut d'Israël : confiante prière que Dieu exauce même visiblement. On voit marcher devant lui un cavalier vêtu de blanc et brandissant des armes d'or. Précédemment déjà, au plus fort d'un combat, les ennemis avaient vu descendre du ciel cinq cavaliers éblouissants : deux d'entre eux se tenaient continuellement aux côtés du héros, écartaient loin de lui les traits meurtriers et lançaient des foudres qui semaient partout la mort et l'épouvante (II Mach., XI, 6 ; X, 29-30).

Je n'ai voulu omettre aucun des traits de cette revue d'histoire biblique sur l'assistance des anges ; elle est intéressante, elle est réconfortante. Si les esprits célestes se sont ainsi manifestés pour la défense du peuple juif, que ne feront-ils pas pour le salut du peuple chrétien ?

Les anges sous le Nouveau Testament

Parmi les apparitions que j'ai déjà énumérées, la plupart eurent une réalité extérieure et physique. Il est inutile d'insister là-dessus ; à moins de nier la véracité des saintes Ecritures, on doit convenir que, maintes fois, les anges ont apparu corporellement aux hommes avant Jésus-Christ.

Saint Thomas nous dit que "toutes les apparitions relatées sous l'Ancien Testament furent ordonnées à cette apparition, par laquelle le Fils de Dieu se montra dans la chair. En prenant ainsi des corps dans les temps antiques, déclare le saint docteur, les anges donnèrent à entendre, par d'expressives figures, que le Verbe de Dieu devait prendre un jour un corps humain." (Sum. theol. I Pars. q. II art. ad prim.). J'ai expliqué plus haut comment les corps que revêtent les anges ne sont que des corps d'emprunt et ne leur appartiennent pas substantiellement, comme s'ils faisaient partie de leur nature ; au contraire, le corps qu'a pris Jésus-Christ est son vrai corps, il fait partie intégrante de la nature humaine qu'il s'est appropriée en unité de personne. C'est là une différence essentielle qu'il ne faut pas perdre de vue ; elle n'empêche que ces visions passagères de messagers célestes revêtant extérieurement une forme humaine, n'aient annoncé et figuré d'une manière très expressive la grande et définitive manifestation du Fils de Dieu se faisant homme et vraiment homme comme nous.

Mais ici une question se pose d'elle-même : le Fils de Dieu s'étant fait homme, les apparitions angéliques vont-elles cesser comme n'ayant plus de raison d'être ? Aucunement.

Notre-Seigneur n'est pas venu détruire l'ordre naturel, en restaurant l'ordre de la grâce. Sa grande médiation rédemptrice n'a pas annulé la médiation naturelle des esprits célestes. Ils restent toujours les intermédiaires entre l'homme et Dieu Esprit infini. Leur mission s'entrelace harmonieusement dans l'œuvre de la rédemption. "Ils sont, nous dit saint Paul, des intendants spirituels, chargés d'un ministère auprès de ceux qui gagnent l'héritage du salut" (Héb., I, 14). Cette coopération active au salut des âmes est abondamment marquée dans les pages, soit du saint Evangile, soit des Actes des apôtres.

Et d'abord l'Evangile s'ouvre par un prologue tout angélique. C'est un ange qui est chargé de préparer d'une manière immédiate le mystère de l'Incarnation.

Ce même ange, à savoir saint Gabriel, avait été envoyé sous l'ancienne loi, à Daniel, "l'homme de désirs". Dans une vaste vision, il lui avait révélé les destinées du royaume de Dieu sur terre ; il lui avait montré la venue prochaine du "Saint des saints", qui devait mettre un terme au péché, abolir l'iniquité et accomplir toute prophétie ; il lui avait même donné la date précise de l'apparition du Messie, elle aurait lieu dans "soixante-dix semaines" d'années.

Les temps approchent, le cycle mystérieux des semaines de Daniel est près d'être révolu. Après un long intervalle de temps durant lequel toute communication semble suspendue entre le ciel et la terre, saint Gabriel s'ébranle de nouveau ; il vole au temple de Jérusalem, à l'heure où le prêtre fait fumer l'encens devant le Très-Haut. Le prêtre alors de service au temple était un homme juste et craignant Dieu nommé Zacharie. Il aperçoit l'archange debout, à droite de l'autel des parfums. Il est épouvanté ; mais Gabriel le rassure, et lui apprend la joyeuse nouvelle qu'il sera, malgré son grand âge, le père d'un enfant de bénédiction destiné à devenir le précurseur du Messie. Zacharie hésite à croire à la parole du messager céleste, il est frappé de mutisme en punition de son incrédulité.

Six mois après, l'archange Gabriel prend de nouveau son essor. Cette fois, il se rend en Galilée, pays peu favorisé par les apparitions célestes ; il entre sous l'humble toit d'un artisan, nommé Joseph ; il va trouver une fille de la race royale de David qui vit dans la pauvreté et qui est demeurée vierge sous le voile d'un chaste mariage ; il se présente à elle, avec un respect infini, comme ambassadeur de la très sainte Trinité. Le salut du monde est remis par Gabriel entre les mains de la Vierge : si elle donne son consentement, le Ciel va s'ouvrir et le Sauveur descendra. Marie se trouble dans son humilité, l'archange la rassure ; elle hésite dans son amour de la virginité à accepter l'offre d'une maternité divine, l'archange dissipe ses appréhensions. Le céleste ambassadeur a obtenu gain de cause ; il emporte le consentement de Marie. Celle-ci, par un acte de foi héroïque, attire et incorpore en elle le Fils de Dieu.

Remarquons, d'après les saints Pères, qu'en cette entrevue qui décida du grand œuvre de l'Incarnation, l'archange Gabriel ne se contenta pas de proposer à la sainte Vierge le sublime office d'une maternité divine ; il fortifia intérieurement son âme, afin qu'elle pût produire plus facilement un acte de foi et d'amour en rapport avec l'offre qui lui était faite, et supporter l'insondable mystère qui allait s'opérer en elle. "Notre fragile nature, dit saint Pierre Chrysologue, est réconfortée en Marie par l'exhortation de l'ange pour soutenir la gloire de la divinité. De crainte que le sable fin du corps humain ne pût supporter un si haut édifice, et que la tige légère de la virginale créature ne rompît sous le fruit du Verbe incarné, la voix de l'ange retentit et chassa toute appréhension, *Ne craignez pas, Marie !* Gabriel, enseigne saint Bernard, est appelé "la Force de Dieu" : soit parce qu'il annonça la descente de la Vertu d'en haut en la personne du Sauveur ; soit parce qu'il eut mission de réconforter la Vierge, naturellement timide, simple et pudique, en sorte que la nouveauté du mystère ne l'effrayât pas. Et c'est ce qu'il fit." Cette action rassérénante et réconfortante, exercée par l'archange dans le cercle des puissances sensitives de l'âme virginale de Marie, est très digne d'attention ; elle fait ressortir un côté très délicat et très mystérieux de l'assistance angélique, dont les créatures humaines les plus élevées en grâce ne peuvent se passer.

Il serait téméraire de nier la réalité extérieure de la double apparition de l'archange Gabriel à Zacharie et à la sainte Vierge ; il se montre au premier, debout à côté de l'autel de l'encens ; la sainte Vierge se trouble en le voyant, comme si elle voyait un homme. Jamais, croyons-nous, dans toute la tradition catholique, il ne s'est élevé une voix pour prétendre que l'entrevue de saint Gabriel avec la sainte Vierge ait été simplement imaginative. La dignité même du mystère de l'Incarnation, qui est en jeu, semble exiger une apparition physique de l'archange.

La main des anges étant intervenue dans la manière dont s'est noué ce grand mystère, axe central de toute la religion révélée, il s'ensuit logiquement qu'ils ont dû intervenir ministériellement dans tous les développements successifs de l'œuvre rédemptrice. Car l'évolution tout entière d'une chose répond à ses débuts. Et c'est, en effet, ce qui ressort du saint Evangile. Tous les grands événements qui s'y déroulent sont accompagnés de phénomènes angéliques formant comme le ciel du tableau.

Alors que saint Joseph est angoissé et torturé par la constatation de la grossesse de sa chaste épouse, un ange du Seigneur, peut-être l'archange Gabriel, lui apparaît en songe ; il lui apprend le mystère que la Vertu du Très-Haut a opéré dans le sein de Marie, et l'investit lui-même d'une paternité vis-à-vis du fruit béni qu'elle porte. La tristesse du saint patriarche se change en une profonde admiration, en une vive allégresse. Il est clair ici que la vision est simplement imaginative, elle n'en est pas moins certaine et efficace.

Qui n'est ravi du spectacle que présente la nuit de Noël ? Le Fils de Dieu naît dans une étable, et son humble naissance met en mouvement le monde angélique. Un ange annonce la bonne nouvelle aux bergers qui montent la garde de nuit sur leurs troupeaux ; une subite lumière les environne et chasse les ténèbres ; et le ciel semble se fondre avec la terre autour de la crèche du nouveau-né, tant il y a de cohortes angéliques applaudissant par leurs cantiques à la grande merveille d'un

Dieu petit enfant (Luc, II, 9-15).

La sainte Famille nous apparaît entourée d'anges qui la servent et qui la protègent. Il en est d'elle comme du peuple de Dieu. À côté du guide visible, autrefois Moïse, maintenant Joseph, se place le guide invisible, l'ange du Seigneur : et le guide invisible dirige le guide visible. Un ange apparaît en songe à Joseph et lui dit de fuir en Egypte ; il lui apparaît de nouveau et l'avertit, comme anciennement Jacob, de retourner dans la terre d'Israël (Matt. II, 13-29).

Notre-Seigneur, devenu adulte, ne repousse pas le ministère des anges. Par son incarnation, il était descendu au-dessous de la nature angélique (Ps. VIII ; Héb. II, 7-9) : il s'était mis, en se faisant homme et vraiment homme, en situation, non seulement d'accepter les bons offices des anges, mais même d'en avoir besoin. Et, de fait, il y eut recours en deux notables circonstances.

La première fut celle de son jeûne et de sa tentation dans le désert. Notre-Seigneur est d'abord aux prises avec le diable : il déjoue ses artifices, il en triomphe, il le chasse ; le diable se retire. Alors, nous dit l'Evangile, les anges s'approchèrent de lui et le servirent (Mat. IV, 11 ; Marc, I, 13). En quoi consista ce service des anges ? Ils réconfortèrent la sainte humanité du Sauveur épuisée par le jeûne, éprouvée par les insultes de l'esprit mauvais ; il est probable qu'ils lui présentèrent des aliments.

La seconde circonstance fut la douloureuse agonie du Sauveur. La sainte humanité de Jésus était en proie à la tristesse, à l'épouvante, à un insurmontable dégoût ; elle subissait une dépression de forces telle qu'elle pensait mourir ; elle était à ce point oppressée par une inexprimable angoisse qu'elle suait du sang. En cet état, un ange lui apparut du ciel, "la réconfortant" (Luc, XXII, 43). Cette intervention est infiniment remarquable. La nature angélique vient au secours de la nature humaine, abattue et agonisante ; un ange fortifie Jésus. Jésus souffrait comme homme, il était sensiblement délaissé par son Père ; son humanité aux abois se rattachait au secours des esprits angéliques. Il ne voulut pas les provoquer à intervenir pour le tirer des mains de ses ennemis, comme il le dit à saint Pierre au moment d'être garrotté (Mat. XXVI, 53) ; mais il accepte le réconfort qui lui vient d'un ange, pour nous montrer qu'aucun homme mortel, pour saint qu'il soit, ne peut se passer du secours des esprits angéliques.

Etant venus en aide au chef, il ne doit pas nous sembler surprenant qu'ils soient appelés à veiller sur les membres. Les anges s'empressent autour de l'Eglise naissante. Ils sont chargés de lui annoncer, en la personne des saintes femmes et des apôtres, la glorieuse résurrection du Sauveur. Au moment où celui-ci franchit le seuil de son tombeau, parmi la secousse d'un grand tremblement de terre, un ange descend du ciel et rejette de côté l'énorme pierre qui fermait l'entrée du sépulcre ; puis, tandis que les gardiens terrassés par l'épouvante se relèvent et s'enfuient, il les remplace dans leur office en s'asseyant sur la pierre. Son visage est éclatant comme la foudre et ses vêtements sont blancs comme la neige ; il rassure doucement les saintes femmes effrayées à son aspect et leur donne la première nouvelle de la résurrection. Lorsque celles-ci, après avoir transmis rapidement la nouvelle aux apôtres, reviennent au monument, elles y trouvent deux anges, mais à l'intérieur du sépulcre ; ils ont plié les linges formant le linceul du Sauveur, et roulé à part le suaire qui couvrait sa tête sacrée ; saint Pierre remarque ce détail vraiment suggestif, quand il arrive sur les lieux en compagnie de saint Jean (Mat. XXVIII, 2-8 ; Luc, XXIV, 3-5 ; Joan. XX, 5-6). Je m'étends avec complaisance sur cette scène évangélique, parce que personne n'osera mettre en doute l'extériorité de ces apparitions d'anges racontées avec une telle précision.

Le jour de l'Ascencion, alors que les apôtres ont encore les yeux fixés dans une posture admirative vers le point du ciel où Jésus a disparu, deux hommes en vêtements blancs, dit le texte sacré, paraissent tout à coup auprès d'eux et les encouragent par des paroles consolantes (Act. I, 10). En ces deux hommes, la tradition chrétienne a toujours reconnu deux anges.

Quand l'Eglise sort du cénacle, les anges travaillent pour ainsi dire de moitié avec les apôtres : ceux-ci sont-ils emprisonnés, ils brisent leurs fers, ils leur rendent la liberté (Act. V, 9). Ils leur ménagent des entrevues avec les gentils. Un de ces esprits célestes avertit le diacre saint Philippe de se rendre sur la route de Gaza où il trouvera l'eunuque de la reine d'Ethiopie (VIII, 26). Un autre enjoint au saint et admirable centurion Cornélius d'aller trouver saint Pierre à Joppé (X, 3). Mais, tout à coup, l'Eglise est menacée d'être décapitée en la personne de son chef tombé aux mains d'Hérode : un ange délivre miraculeusement saint Pierre, faisant tomber ses chaînes, ouvrant devant lui la grande porte de fer qui ferme la ville, et il le rend à l'Eglise en prière et en pleurs : telle est la soudaineté de la délivrance que l'apôtre croit rêver et n'a le sentiment de la réalité de ce qui lui arrive que lorsqu'il se trouve dans l'assemblée des fidèles éperdus de joie (XII, 7-12). Cependant la vengeance divine, dont un ange est le ministre, s'abat sur le persécuteur : Hérode meurt en d'horribles convulsions, consumé par les vers (XII, 23).

Saint Paul n'est pas moins efficacement protégé par les anges ; ils le suivent en toutes ses courses apostoliques ; dans la tempête racontée par les Actes, un esprit céleste apparaît à l'apôtre et lui donne l'assurance qu'aucun mal n'arrivera ni à lui ni aux passagers qui sont avec lui sur le navire en détresse (Act. XXVII, 23).

Tel est le rôle des anges dans la fondation et les premiers développements de l'Eglise. Ils l'entourent d'une sauvegarde tutélaire ; ils amènent ces changements à vue qui, en un moment, la soustraient à la fureur de ses ennemis. Ils ménagent les rencontres des apôtres avec "ces enfants de Dieu", comme parle saint Jean, qui étaient "dispersés" par le monde et qu'il s'agissait de "grouper en une église". Ils veillent sur les jours des hommes apostoliques et les conduisent heureusement jusqu'au terme providentiel de leur carrière.

Dieu a voulu que ces merveilles d'assistance et de préservation fussent racontées par une plume inspirée, afin que nous ne pussions pas douter de la protection des saints anges. Cette protection n'a pas cessé ; elle s'est continuée jusqu'à nos jours, elle se perpétuera jusqu'à la fin du monde.

Les apparitions que nous avons relatées d'après la sainte Ecriture sont des types qui se reproduisent très fréquemment dans la vie des saints, comme je vais le montrer dans les articles suivants.

Les anges et la conversion des païens

La mission des anges, ai-je dit plus haut, est d'ordre naturel, mais ils l'exercent dans un but surnaturel ; chargés d'un idolâtre, ils cherchent par tous les moyens possibles à l'orienter vers la vraie foi, à l'amener au baptême. Les Actes des apôtres nous montrent, à plusieurs reprises, les esprits célestes se rendant les intermédiaires visibles entre les hommes apostoliques et les païens.

Cette médiation, cette intervention discrète, se continue toujours, quoique invisiblement. Un très ancien document, d'une saveur très particulière, nous la fait voir sous une forme extérieure et palpable. Il s'agit de la conversion célèbre du philosophe saint Justin au deuxième siècle : lui-même nous la raconte comme il suit dans son "Dialogue avec Tryphon".

Il s'était adonné à la philosophie, et fréquentait les écoles grecques, espérant y trouver la sagesse. "Etant, dit-il, dans ces sentiments, j'éprouvai le besoin de me retirer dans la solitude et d'éviter le commerce des hommes ; et je partis pour une campagne assez proche de la mer. J'en étais peu éloigné et je me réjouissais par avance d'être en tête-à-tête avec moi-même, quand je me vis suivi d'assez près par un vieillard d'aspect vénérable, les traits remplis tout ensemble de gravité et de bienveillance. Je m'arrêtai et, me tournant de son côté, je fixai délibérément sur lui mon regard. Il me dit : Me connaissez-vous ? - Non, répondis-je. - Pourquoi alors me regardez-vous ainsi ? - Je suis étonné, dis-je, que vous m'ayez suivi en ce lieu désert, où je m'attendais à être seul. - Je me trouve, reprit-il, en sollicitude sur plusieurs des miens qui sont partis à l'étranger, et dont j'épie l'arrivée. Mais vous-même, que venez-vous faire ici ? - Moi, dis-je, je me délecte en des promenades solitaires, où il me semble que n'ayant pas d'objet pour me distraire, je m'entretiens plus librement avec moi-même. Ces lieux sont très propices à qui veut philosopher. - Philosopher ! s'exclame l'inconnu. Seriez-vous donc de ceux qui aiment les belles phrases plus que la vérité, qui s'étudient moins à bien faire qu'à bien dire ?... Qu'appelez-vous philosophie ?... La philosophie procure-t-elle le bonheur ?... En quoi consiste le bonheur qu'elle promet ?... Quel être est-ce Dieu ?... Est-il une science qui fasse connaître à fond les choses divines et humaines ?". Etourdi par ces questions, Justin essaya d'y trouver une solution dans les théories de Platon et de Pythagore. À chacune de ses assertions, le vieillard opposait une réfutation brève qui en faisait ressortir la vanité. Il menait la discussion avec une suavité pénétrante et une force inéluctable. Enfin, il persuada Justin de se mettre à l'étude des saintes Lettres et conclut ainsi : "Avant tout, mettez-vous à prier, à demander que s'ouvrent pour vous les portes de la lumière ; car c'est Dieu, c'est son Christ, qui donne l'intelligence de ces mystérieuses questions sur la sagesse et le bonheur. Ayant ainsi parlé, ajoute le saint, et m'ayant dit bien d'autres choses que ce n'est pas le moment de rapporter, le vieillard me quitta, et je ne l'ai jamais revu depuis. Mais, aussitôt, un feu s'alluma dans mon cœur et je me sentis épris d'amour pour les prophètes et les apôtres du Christ. Ayant pris connaissance de leurs écrits, j'y découvris la seule philosophie qui soit vraiment sûre et profitable. Et, désormais, je ne fus plus philosophe que d'après eux et avec eux."

Tel est cet entretien justement fameux, qui décida de la conversion de l'apologiste et martyr saint Justin. Son interlocuteur est tout mystérieux ; le grave Tillemont lui-même déclare que ce ne pouvait être qu'un ange ; les Bollandistes sont très catégoriquement du même avis. Le vieillard s'inquiète pour plusieurs des siens qui sont partis à l'étranger et dont il épie le retour : phrase symbolique, facilement explicable d'après le ministère des anges, lesquels veillent sur les âmes égarées dont saint Justin était l'une, et procurent leur rapatriement dans la vérité.

Saint Grégoire Thaumaturge, qui fut disciple d'Origène au troisième siècle, attribue également sa conversion à l'assistance d'un ange. "Un saint ange de Dieu, dit-il, m'eut en partage dès mon enfance pour me guider et faire l'éducation de mon âme. Il a été mon pasteur depuis ma jeunesse, comme le dit de son ange le serviteur et ami de Dieu, Jacob. Sachons-le, en effet, outre que la providence générale de Dieu s'étend sur nous tous, nous vivons chacun sous la tutelle d'un ange, enfants et petits-enfants que nous sommes. Notre vue est si courte, qu'à peine distinguons-nous ce qui est à nos pieds, et nous sommes impuissants à discerner ce qui nous convient : lui, au contraire, cet ange gardien et nourricier, voit clairement ce qui nous est utile et salutaire. Aujourd'hui comme autrefois, ce saint ange m'instruit, me sustente et me conduit par la main. Entre autres choses, je lui dois d'être entré en rapport avec Origène, ce qui est l'événement capital de ma vie, et d'avoir joui des enseignements de ce grand homme." Et saint Grégoire explique comment, étant parti en Palestine alors qu'il était encore païen, l'ange gardien dirigea de telle sorte les péripéties de son voyage, qu'il l'amena à Césarée près d'Origène. Il se proposait d'aller à Béryte ; et il se trouva par un concours de circonstances très singulières, qu'il franchit Béryte sans s'y arrêter, et arriva tout droit à Césarée. Là, sa rencontre avec Origène eut lieu en dehors de toute prévision. Le saint, il est vrai, ne mentionne pas d'apparition proprement dite, mais il déclare que l'assistance angélique se manifesta par ces traits sensibles.

Faut-il ajouter à ces citations l'anecdote si curieuse que saint Paulin raconte dans une de ses épîtres, du sauvetage d'un pauvre vieux matelot opéré par les anges ? Voici un abrégé de son récit qui est très long et très détaillé. Un navire était en détresse, l'équipage avait mis les embarcations à la mer ; seul un vieux matelot était resté dans la coque du vaisseau qui faisait eau de toutes parts et qui allait infailliblement sombrer. Soudain, de mystérieux personnages apparaissent sur le pont du navire abandonné : un mât ébranlé qui gênait la manœuvre est coupé et jeté à la mer ; les voies d'eau sont bouchées, les voiles tendues ; le vaisseau reprend son équilibre et vient aborder aux rives de la Campanie. Le vieillard, qui était païen, se convertit ; il se fixa près du tombeau de saint Félix à Nole, et saint Paulin recueillit de sa bouche la merveilleuse histoire de sa délivrance. "C'était, nous dit-il, un homme très simple, d'une grande candeur et incapable de mentir". Il se nommait Valgio, on le baptisa sous le nom de Victor. Les Bollandistes rapportent ce trait et ne croient pas qu'il soit permis de mettre en doute son authenticité appuyée sur le témoignage de saint Paulin.

Je pourrais citer d'autres faits analogues. Cette voix d'enfant que saint Augustin entend sortir comme d'une maison voisine et qui répète en chantant ce refrain "prends et lis, prends et lis", n'était-elle pas une voix angélique ? "Je cherchai à me rappeler, dit le saint, si les enfants chantaient quelquefois ce refrain dans leurs jeux, et rien de semblable ne se présenta à mon souvenir". Saint Augustin prit un volume des épîtres de saint Paul qui était sous sa main : il lut, un trait de lumière pénétra son cœur et il se convertit.

On dira peut-être que la voix angélique entendue par saint Augustin était celle d'un enfant ; que le vieillard, engageant un colloque avec saint Justin, était un être humain ; que l'assertion du vieux matelot, même rapportée par saint Paulin, ne constitue pas une preuve suffisante ; que le beau fragment de saint Grégoire Thaumaturge ne contient pas d'apparition physique des anges. Les Bollandistes, qui relatent ces textes, y voient des témoignages formels d'interventions angéliques ; on peut, sans encourir le reproche de crédulité, s'en remettre à leur sens critique. Mais n'insistons pas ; les actes des martyrs vont nous fournir, en très grande abondance, des faits d'apparitions d'anges extérieures, sensibles, publiques même, dont l'authenticité défie toute objection sérieuse.

Les anges et les martyrs

L'humanité est un champ clos, où entrent en lutte, comme il est dit dans l'Apocalypse, les puissances célestes et les puissances infernales. Cette lutte est à l'état aigu dans la personne des martyrs. Les démons s'acharnent sur eux, avec une violence inouïe, par l'iniquité de leurs juges, et la férocité de leurs bourreaux. Il est juste et dans l'ordre que, d'un autre côté, ils soient secourus sensiblement par les bons anges. Le Saint-Esprit il est vrai, les anime et les fortifie ; mais cette assistance intime, essentielle, ne rend pas superflue l'assistance ministérielle des anges qui la prolonge en quelque sorte et la complète. Aussi les voyons-nous souvent intervenir, même visiblement, pour encourager les saints martyrs, guérir leurs plaies, couronner leur constance et, parfois, protéger leurs restes inanimés contre de lâches insultes (1).

Durant la persécution d'Adrien, les deux frères Faustin et Jovite sont arrêtés comme chrétiens à Brescia , livrés aux bêtes qui les respectent, jetés dans les flammes qui les laissent intacts et, enfin, condamnés à mourir de faim dans leur prison. "Mais, au milieu de la nuit, des anges du Seigneur descendent auprès d'eux et réconfortent les bienheureux martyrs", si bien qu'ils ne

(1) La nourrice de saint Mélorus, enfant martyr en Angleterre, trouve des anges qui font la garde auprès de ses dépouilles, et des flambeaux allumés tout autour (Act. SS., Jan., tom. I, p. 136).

sentent pas le tourment de la faim et qu'ils sont en état de subir toute une série de nouveaux interrogatoires et de nouveaux supplices (Act. SS. Feb. Tom. II, p. 812).

Saint Julien, martyr à Sora sous Antonin le Pieux, après une cruelle flagellation, est jeté dans un cachot ténébreux où on le laisse, pendant une semaine, sans nourriture. "Mais Dieu, disent les actes, n'abandonna pas son client, il fut réconforté par la visite et les entretiens des anges, et sustenté par des aliments célestes" (Act. SS. Jan. Tom. III, p. 382).

Un ange vient guérir les plaies de saint Constant, évêque, qui souffre à Pérouse sous Marc-Aurèle. Ses actes sont rapportés par le cardinal Baronius (Act. SS. Jan. Tom. III, p. 545).

Vers la même époque, les saints martyrs Tryphon et Respicius sont assistés et couronnés visiblement par un ange, tandis qu'on leur applique au flanc les lampes ardentes.

Sous la persécution de Déce, saint Thyrse souffre en Bithynie un long et cruel martyre. Il n'était pas baptisé et il souhaitait l'être, quoiqu'il eût déjà commencé à recevoir le baptême de sang. Au milieu de la nuit, des anges descendent dans sa prison, font tomber ses chaînes, lui ouvrent les portes et le conduisent à l'évêque Philéas. Celui-ci le voit arriver tout environné de lumière ; étonné d'abord, il s'empresse de lui conférer le sacrement de la régénération. Après quoi, les saints anges escortant toujours le saint martyr, le reconduisent dans son cachot. Les Bollandistes déclarent que les actes, desquels ce récit est tiré, sont dignes de foi et parfaitement solides, encore qu'ils contiennent bien des choses merveilleuses (Act. SS. Jan. Tom. III, p. 442).

La persécution de Dioclétien nous offre une ample moisson de faits analogues ; il est impossible de les relever tous. Les saints martyrs Clément et Agathangèle, étant mis en prison, y sont visités par les anges qui les exhortent à confesser courageusement leur foi dans les supplices (Act.. SS. Jan. Tom. III, p. 78). Le Romain saint Boniface s'en va en Orient cueillir la palme du martyre ; un ange vient visiblement à son secours tandis que les bourreaux le plongent dans une chaudière de poix fondue ; après qu'il a consommé sa passion, un ange apparaît à la matrone Aglaë et l'avertit de recevoir ses précieux restes comme ceux d'un confesseur du Christ (Act. SS. Maii. Tom. III, P. 284-285). Pendant que le célèbre martyr saint Sébastien exhorte les jeunes chrétiens Marc et Marcellien à demeurer fermes dans la foi, une splendide lumière lui forme comme un vêtement ; sept esprits célestes et le Sauveur lui-même se montrent à ses côtés ; saisie à ce spectacle, sainte Zoë qui était muette, recouvre la parole et se fait chrétienne (Act. SS. Jan. Tom. II, p. 624). Tandis que le diacre illustre saint Vincent, le corps couvert de plaies vives, est étendu dans un sombre cachot sur un lit de pierres aiguës et de tessons de pots cassés, les anges descendent auprès de lui et guérissent ses blessures ; le saint se promène librement en louant Dieu ; les gardes, qui voient la lumière jaillir par les fentes du cachot, contemplent leur prisonnier entouré d'esprits célestes et se convertissent (Act. SS. Jan. Tom. III, p. 9). Les actes de saint Sébastien et de saint Vincent sont de ceux qu'on ne peut rejeter, sans avoir contre soi toute l'Antiquité. Ceux des saints Julien, Basilide,

Celse et autres martyrs ne sont guère moins remarquables par leurs particularités. Ils nous apprennent qu'au plus fort de la persécution de Dioclétien et de Maximien, les descendants de l'empereur Carinus, qui étaient chrétiens, avaient obtenu de pratiquer librement leur foi ; un prêtre vivait avec eux et leur célébrait les saints mystères. Or, il arriva que saint Julien martyr, ayant converti les soldats ses gardiens, voulut leur procurer le saint baptême. Il fut inspiré de s'adresser au prêtre qui était l'aumônier de la famille de Carinus. Celui-ci, escorté de sept jeunes gens appartenant à cette famille, se rend à la prison ; un ange marche devant lui, touche les portes et les lui ouvre. Le baptême est conféré aux soldats ; mais le prêtre et les jeunes gens sont arrêtés, et eux aussi remportent la couronne du martyre (Act. SS. Jan. Tom. I, p. 582). Les rédacteurs des actes de ces glorieux confesseurs du Christ déclarent qu'ils ont été les témoins oculaires des événements qu'ils racontent ; l'épisode des descendants de Carinus leur donne un cachet très particulier d'authenticité.

Parfois les saints anges ne se contentent pas d'encourager les martyrs et de cicatriser leurs plaies ; ils rompent leurs chaînes et leur rendent leur liberté. C'est ainsi qu'ils délivrent de leur prison saint Valentin, évêque de Terracine et saint Damien, son diacre ; un ange leur déclare de la part de Dieu que leur heure n'est pas venue, qu'il leur faut prêcher encore la bonne nouvelle à d'autres régions ; et, brisant leurs fers, rétablissant leurs membres rompus par les tortures, laissant derrière eux leurs gardiens comme foudroyés, il les met en sûreté hors des portes de la ville (Act. SS. Mart. Tom. II, p. 424-426). Saint Félix de Nole est également délivré du cachot où il attendait la mort, par un visiteur angélique : celui-ci fait tomber ses liens et l'emmène devant les gardiens qui ne s'aperçoivent pas de son évasion ; il le conduit en un lieu désert, où saint Maxime son évêque est sur le point de rendre son dernier soupir (Act. SS. Feb. Tom. II, p. 20-21). Ces deux faits se rapportent à la persécution de Dioclétien. Le dernier, tiré de Grégoire de Tours, est inséré au bréviaire.

La persécution de Licinius nous offre plusieurs traits analogues. Le martyr saint Théodore est cloué à un gibet dans un affreux cachot : à la première veille de nuit, un ange le visite, le décloue, guérit ses blessures, l'encourage, le salue et disparaît ; le lendemain, alors qu'on se préparait à l'ensevelir, on le trouve chantant les louanges de Dieu (Act. SS. Feb. Tom. II, p. 30). Même supplice est infligé à saint Théogène : le Seigneur lui-même vient le visiter et le consoler ; puis des anges remplissent son cachot et se mettent à chanter des psaumes, en sorte que leurs voix sont entendues au dehors ; le tribun de garde accourt et pénètre auprès du martyr, mais il le trouve seul sur son gibet qui continue la psalmodie. Cependant il est miraculeusement guéri de ses plaies. Licinius le condamne à être précipité au fond de la mer ; sur le vaisseau, les anges l'entourent et leur éclat est tel que les matelots en sont éblouis (Act. SS. Jan. Tom. I, p. 135). N'oublions pas de mentionner, pendant la même persécution, les quarante martyrs de Sébaste : tandis qu'ils sont gisants sur l'étang glacé, des anges descendent visiblement du ciel et leur apportent des couronnes. On sait que les Pères grecs ont célébré à l'envi ces illustres victimes qui marquèrent la fin des grandes persécutions.

Les âges suivants ne sont pas dépourvus de ces apparitions angéliques autour des martyrs ; car les martyrs n'ont jamais manqué dans l'Eglise. Sous Julien l'Apostat, tandis que le comte Julien fait appliquer les lampes ardentes à saint Théodoret, des anges étincelants paraissent autour de lui, et les bourreaux tombent la face contre terre (Act. SS. Sept. Tom. VIII, p. 89 et seq.). Durant la persécution des Vandales, saint Castrensis, évêque, et plusieurs chrétiens sont jetés dans une prison affreuse. Un ange éblouissant de lumière descend, pendant la nuit, auprès des confesseurs du Christ et leur tient ce langage : "Le Seigneur Jésus m'a envoyé pour que je réconforte vos âmes et vos corps, vous allez être précipités en pleine mer, mais vous ne serez point privés pour cela d'une sépulture honorable". L'ange disparaît, mais le cachot reste éclairé jusqu'au matin d'une vive lumière et les martyrs passent le reste de la nuit à chanter des psaumes et des hymnes (Act. SS. Feb. Tom. II, p. 527). Passons en Orient. Chosroës promène sa fureur dans les églises de la contrée : une de ses principales victimes est le moine saint Anastase que l'Eglise associe à saint Vincent dans une même fête. Ce saint martyr, qui était condamné au travail des carrières, au lieu de se reposer pendant la nuit, la passait tout entière à prier et à psalmodier. Un de ses compagnons de captivité s'étonne d'une telle constance. "Tout à coup, il voit entrer des personnages en vêtements blancs qui entourent le saint martyr et se mettent à chanter, la prison est toute éclairée par leur présence" (Act. SS. Jan. Tom. III, p. 42). Un fait analogue est rapporté des martyrs de Cordoue au neuvième siècle ; ils sont visités et consolés par les anges dans leur cachot (Act. SS. Julii. Tom. IV, p. 458).

La plupart de ces récits sont fournis par les premiers volumes des Bollandistes ; les volumes suivants, feuilletés avec soin, enrichiraient considérablement cette revue bien sommaire. Il est acquis surabondamment que les anges ont maintes fois consolé et encouragé les martyrs par une assistance visible ; quant à leur assistance invisible, elle ne leur a jamais fait défaut. Ces apparitions furent bien souvent publiques et déterminèrent des conversions nombreuses. J'ai averti que, assez souvent, les manifestations extérieures des anges ne sont pas accompagnées d'un éclat qui annonce tout d'abord ce qu'ils sont. Cette observation se vérifiera dans la suite de mon travail. Mais, à l'époque des martyrs, les apparitions angéliques sont presque toutes éclatantes, lumineuses. Il fallait qu'il en fût ainsi. Ces apparitions étaient destinées à faire la contrepartie des tortures et des avanies qui étaient infligées aux bienheureux martyrs ; en ces anges splendides, ils contemplaient la gloire qui leur était réservée ; et les spectateurs de pareilles visions étaient contraints de reconnaître que si Dieu laissait souffrir et mourir ses serviteurs, il agissait ainsi par un mystérieux conseil de sa Providence et non par impuissance à les secourir et à les délivrer.

Les anges gardiens des vierges

Les anges sont les soutiens des martyrs ; les anges sont les gardiens des vierges. Il y a une très spéciale affinité entre la sainte virginité et la nature angélique : les vierges sont des anges dans une chair mortelle, et la virginité est d'autant plus admirable qu'elle constitue, en un corps fragile, un état céleste. Aussi voyons-nous souvent, dans les pages hagiographiques, les anges descendre familièrement auprès des vierges, comme les abeilles se posent sur les fleurs. Au temps des persécutions, des juges infâmes, on le sait, s'attaquaient à l'honneur des vierges ; mais alors les anges se tenaient à leur côté pour les défendre soit invisiblement, soit visiblement. Ils assistaient invisiblement sainte Lucie et la rendaient telle une colonne immobile, une forteresse imprenable (1) ; ils assistaient visiblement sainte Agnès, dont les très anciens actes, qu'ils soient ou non de saint Ambroise, exhalent un parfum si exquis et si pénétrant.

Une intrigue humaine se mêle au drame tout divin du martyre de sainte Agnès. Le fils du préfet de Rome s'éprend pour elle d'une passion violente ; elle est condamnée par le préfet lui-même à être exposée dans un lupanar. Elle déclare qu'elle est sans crainte ; car elle a avec elle, pour gardien de son corps, un ange du Seigneur. On la conduit au lieu infâme, ses che-

(1) Columna es immobilis, Lucia, sponsa Christi. - Brev. romain.

veux croissant tout d'un coup lui font un manteau soyeux ; en entrant dans le repaire de Satan, elle y trouve l'ange du Seigneur qui attend son arrivée. Des mains angéliques lui ont préparé, à la mesure de son corps, un vêtement d'une éclatante blancheur ; elle s'en revêt. Le lupanar, éclairé d'une lumière céleste, habité par la vierge et l'ange, est devenu un sanctuaire. Des libertins veulent y pénétrer, ils en sortent éblouis. Le fils du préfet, plus audacieux, ose braver l'éclat fulgurant de la lumière et s'élancer sur la vierge ; il tombe mort à ses pieds. Le préfet accourt, éperdu ; sainte Agnès consent à prier pour son fils ; et l'ange du Seigneur ressuscite le jeune homme (Act. SS., Jan. Tom. II, p. 716).

L'Eglise a adopté ce récit merveilleux, estimant qu'il répond à l'idéal de la vierge chrétienne ; elle en a tiré l'office de sainte Agnès qu'elle chante à tous les coins du monde. Le mettre en doute, c'est détruire la physionomie de l'héroïque enfant, telle qu'elle ressort de la liturgie, telle qu'elle nous est transmise par la vénérable Antiquité.

L'office de sainte Agnès a pour pendant celui de sainte Cécile, non moins rempli de manifestations angéliques. Sainte Cécile a voué sa virginité au Seigneur et, toutefois, elle a dû épouser Valérien. La nuit qui suit leurs noces, elle lui fait cette confidence : "J'ai pour ami un ange du Seigneur, qui garde mon corps avec un soin jaloux ; respecte ma virginité, autrement tu exciteras sa colère ; si tu consens à m'aimer d'un amour chaste et immaculé, tu jouiras de sa vue et tu l'auras comme protecteur". Frappé de l'air inspiré de Cécile, Valérien lui répond : "Si tu veux que j'ajoute foi à tes paroles, montre-moi cet ange ; si je le reconnais vraiment pour un ange, je suivrai ton conseil ; mais si tu aimes un homme autre que moi, je vous percerai tous deux de mon glaive". "Fais-toi chrétien, reprend Cécile, et tu verras mon ange". Valérien se fait baptiser et, de retour, auprès de sa virginale épouse, il voit à ses côtés l'ange du Seigneur tout radieux et tenant entre ses mains deux couronnes mêlées de lis et de roses ; il les dépose sur les fronts de Cécile et de Valérien, en leur disant : "Gardez ces couronnes en conservant votre cœur sans tache, et votre corps sans souillure, je vous les ai apportées du Paradis". Sur ces entrefaites, le frère de Valérien, Tiburce, encore païen, entre dans l'appartement ; il sent une délicieuse odeur de lis et de roses ; il soupçonne un mystère qu'il veut éclaircir. "Fais-toi chrétien, lui dit Valérien, et l'ange du Seigneur t'expliquera d'où viennent les fleurs dont le parfum t'a saisi". Tiburce se fait instruire, reçoit le baptême et, à son tour, presque journellement, il jouit d'apparitions angéliques. Quelques temps après, les deux frères sont arrêtés et conduits au martyre ; saint Maxime, leur compagnon, voit les anges recueillir leurs âmes et les emporter au ciel (Act. SS. Ap. Tom. II, p. 204-208). Ainsi que je l'ai dit de sainte Agnès, les actes de sainte Cécile font partie du patrimoine de la piété chrétienne ; un catholique ne se permettra jamais d'y toucher. Leur antiquité incontestable les rend dignes de toute créance ; et puis ils ont un caractère intrinsèque de vérité qui subjugue. On n'invente pas des choses aussi suavement belles, aussi divinement pures.

Ces interventions des anges en faveur des saintes Agnès et Cécile sont typiques ; elles ne sont pas les seules que l'on puisse mentionner. Dans le récit du martyre de sainte Martine, les anges manifestent à plusieurs reprises leur secourable présence. Lorsque les satellites du préteur viennent arrêter sainte Fusca de Ravenne, ils la trouvent en prière avec son ange tout radieux à ses côtés, et ne peuvent supporter le regard menaçant de l'esprit céleste. Tandis que l'on procède à l'embaumement de sainte Agathe, un jeune homme habillé richement se présente, entouré d'une troupe d'enfants qui dépassaient la centaine, tous très beaux de visage et vêtus de blanc ; il remet une inscription en marbre pour être déposée près du corps de la sainte ; il attend que l'on ferme le tombeau, puis se retire avec son cortège, sans que personne ait jamais pu dire ni qui il était, ni d'où il venait, ni quels étaient tous ces enfants. On demeure convaincu que c'était un ange, chef d'une troupe angélique, qui venait assister aux obsèques de la sainte (Act. SS. Feb. Tom. I, p. 623-624).

Le beau phénomène d'un ange couronnant deux époux qui ont fait vœu de virginité se retrouve dans la vie de saint Amateur. Ses parents le destinent au mariage. Le soir de ses noces, il persuade Marthe son épouse de vivre dans la virginité. Une odeur céleste remplit la chambre nuptiale ; un ange vient couronner les deux époux. "Amateur l'aperçoit qui tient dans ses mains une double guirlande ; s'adressant à lui et à son épouse, il leur recommande de garder fidèlement la promesse qu'ils ont faite à Dieu de demeurer vierges". Deux servantes méritent d'être témoins de cette apparition ; dès le lendemain, elles se vouent au service de Dieu. Saint Amateur ne fut pas martyr, il vécut au cinquième siècle et fut l'un des plus grands évêques de la célèbre église d'Auxerre (Act. SS. Maii. Tom. I, p. 54).

Les anges compagnons des anachorètes

Les apparitions des anges ne sont pas moins fréquentes dans l'existence des anachorètes que dans celle des vierges. Ces hommes tout divins s'en vont au désert chercher, suivant l'expression de Bossuet, une profondeur toujours plus profonde afin de s'y ensevelir tout vivants ; ainsi séparés du commerce des hommes, ils jouissent de la société des anges. Leur champ de vision s'est agrandi et s'est épuré. Les réalités invisibles y ont pris place sensiblement : d'un côté les anges, de l'autre les démons remplissent leurs journées et leurs veilles.

Dans les paragraphes précédents, j'ai dû glaner çà et là, dans les Bollandistes, les faits si intéressants que j'ai rapportés ; ici, je trouve tous les éléments de mon travail réunis au cours de la belle étude que les savants hagiographes consacrent aux saints anges, à l'occasion de la fête de saint Michel et dont j'ai fait mention plus haut (Act. SS. Sept. Tom. VIII, p. 89 et seq.). Cette revue est pleine d'un charme que mes lecteurs, je l'espère, sentiront vivement.

Commençons par le patriarche des moines d'Orient, le grand saint Antoine. Après son célèbre colloque avec saint Paul, premier ermite, il le voit qui monte au ciel, blanc comme neige, parmi la cohorte des anges et les chœurs des patriarches et des prophètes. Une autre fois, étant assis sur une montagne, il lève les yeux et aperçoit une âme qui s'élève de terre, tandis que les anges accourent à sa rencontre ; il prie pour connaître quelle est cette âme ; une voix se fait entendre, "c'est l'âme du moine Ammon qui demeurait en Nitrie". Lui-même est l'objet des attentions des anges, et souvent par leur ministère, il est ravi en extase. Voici comment saint Athanase, son biographe, nous dépeint sa sainte mort. "Ayant fait ses dernières recommandations à ses disciples et les ayant embrassés, il étendit un peu les pieds et regarda joyeusement la mort : il était visible à l'hilarité de son visage que les saints anges étaient venus chercher son âme ; il les considéra comme on regarde des amis très chers et rendit l'esprit".

Saint Paul le simple, son disciple, n'a pas les yeux moins illuminés. Voici une de ses visions : "Un jour, tandis que les moines entraient à l'église, le saint vieillard les voyait défiler le visage rayonnant et l'âme pleine d'allégresse et leurs anges, non moins joyeux, leur tenaient compagnie. Seul l'un d'entre eux avait la physionomie sombre et le corps enténébré, deux démons lui avaient mis un frein aux narines et le tiraient de leur côté, son ange marchait au loin derrière lui, tout triste. Après un certain temps, la sortie de l'église eut lieu, le bon vieillard regardait les visages des frères pour se rendre compte s'ils s'en allaient tels qu'ils étaient entrés ; et il vit celui qui lui était apparu tout noir sortir de l'église, le front clair et le corps éclatant de blancheur, tandis que les démons étaient rejetés en arrière et que son ange l'accompagnait avec des tressaillements de joie". Que s'était-il passé ? À l'église, l'esprit de contrition s'était emparé de lui, il avait pleuré ses péchés et était rentré en grâce avec Dieu.

Mêmes intuitions pénétrantes chez saint Macaire, autre disciple de saint Antoine. "Il voyait l'ange du Seigneur assister le célébrant à l'autel et joindre sa main à celle du prêtre dans la distribution du corps de Jésus-Christ... Comme il était prêtre lui-même, il attestait qu'il n'avait jamais eu à donner l'oblation sainte à un certain moine nommé Marc, mais qu'un ange la lui apportait directement de l'autel ; d'ailleurs, de cet ange, il ne voyait que les doigts tenant l'hostie". L'historien Somozène raconte le même trait qui témoigne de la haute sainteté de Marc.

"J'ai connu, dit Palladius en parlant de saint Jean l'anachorète, un solitaire qui pendant dix ans ne goûta aucune nourriture terrestre ; tous les trois jours, un ange lui mettait dans la bouche un aliment céleste qui lui tenait lieu de nourriture et de breuvage". Un autre moine jouissait de la même faveur. Mais il lui arriva de commettre une faute grave, alors "s'enfermant dans une caverne, couché sur le cilice et la cendre, il ne se releva pas, il ne cessa pas de pleurer, jusqu'à ce que la voix d'un ange se fût fait entendre en songe, et cette voix disait : "Le Seigneur a accepté ta pénitence... les frères que tu as avertis vont t'apporter des eulogies et tu t'en nourriras en rendant grâces à Dieu". En d'autres termes, tu es pardonné, mais ne compte plus sur une nourriture angélique.

Le même Palladius assure que saint Apollon, son contemporain, recevait également sa nourriture d'un ange. Il rapporte de lui les traits suivants : un des solitaires vivant sous sa direction est mis en prison du temps de Julien l'Apostat ; il va le consoler et on le retient lui-même prisonnier ainsi que ses compagnons. Soudain, pendant la nuit, un ange apparaît dans le cachot tout rayonnant de lumière : les geôliers effrayés ouvrent les portes aux détenus et les conjurent de sortir. Le tribun de garde, dont la maison a été renversée par un tremblement de terre, dont les serviteurs ont été terrassés par des mains invisibles, saisi lui-même d'épouvante, renvoie de la ville les pieux solitaires ; chantant les hymnes, ils retournent librement dans leur désert. Une autre fois, c'était Pâques, saint Apollon vivait avec cinq frères dans une caverne affreuse ; ils n'avaient pour repas pascal que quelques pains desséchés et quelques légumes flétris. Le saint exhorta les frères à demander simplement à Dieu une nourriture qui convînt un peu mieux à la fête. Et voici que la nuit, des inconnus déposèrent à l'entrée de la caverne des provisions de toute espèce : fruits les plus variés, raisins et oranges fraîchement cueillis, productions exotiques, rayons de miel, un grand vase plein de lait tout écumant, gâteaux et pains sortant du four. Les frères ne doutèrent pas que ces provisions ne leur vinssent de la main des anges ; ils en mangèrent avec actions de grâces et en eurent jusqu'à la Pentecôte (Act. SS. Jan. Tom. I, p. 238-240).

Saint Pacôme est l'initiateur de la vie cénobitique ; il fonda le monastère de Tabenne, comme le raconte son historien, sur l'invitation d'un ange. "S'étant avancé fort loin dans la solitude, il arriva au désert nommé Tabenne. Là, s'étant mis en prière et, dans un élan d'amour de Dieu, la prolongeant plus qu'à l'ordinaire, lui qui auparavant n'avait jamais eu de visions, entendit une voix céleste qui lui disait : "Arrête-toi ici et construis un monastère, beaucoup viendront à toi, et tu les conduiras à Dieu suivant la règle que je te montrerai". Et, aussitôt, lui apparut un ange porteur d'une table sur laquelle était écrite une règle ou forme de vie, que les religieux de Tabenne n'ont cessé d'observer". Somozène ajoute que, bien souvent, par la suite, le saint homme eut des colloques avec les anges. Saint Théodore, son cher disciple, en fut également favorisé.

Les Bollandistes continuent cette énumération. Les anges procurent à manger aux religieux de saint Alexandre, fondateur de l'Ordre des Acémètes. Tandis qu'un brave homme tire son pain du four, un personnage mystérieux se présente inopinément à lui et lui dit : "Porte ces pains aux serviteurs de Dieu qui n'ont rien pour se nourrir". Saint Sisoës est fréquemment visité par les anges ; ils veulent l'emmener au ciel, mais il leur demande le temps de faire pénitence. Saint Siméon Stylite avait un ange familier dont le visage brillait comme le soleil ; il parut publiquement à ses funérailles. Saint Euthyme voyait souvent des anges l'assister au saint Sacrifice ; son âme, sous les yeux de saint Gérasime, son disciple, fut emportée au ciel par une troupe angélique. Saint Siméon Stylite le jeune reçoit des esprits célestes le don des miracles et la puissance sur les démons ; son ange familier l'avertit du moment de sa mort.

C'est ainsi que les déserts de la Thébaïde et les laures de l'Orient recevaient la visite des esprits angéliques. Je vais montrer que les saints vivant dans l'agitation du monde, n'étaient pas privés de leurs secours et de leurs consolantes approches et qu'ils ne se déclarèrent pas moins les protecteurs, mêmes visibles, des monastères d'Occident.

Les anges tutélaires des églises

Les anges sont les aides vigilants et infatigables et, pour ainsi dire les chevaliers servants de l'Eglise, épouse de Jésus-Christ. S'ils tiennent compagnie avec tant de familiarité aux anachorètes dispersés dans les déserts, c'est qu'ils voient en eux des sentinelles avancées de la grande armée chrétienne. Ils ne délaissent pas pour eux le gros de l'armée, les églises groupées autour de leurs évêques, l'Eglise universelle rangée autour du pape. "J'ai vu, dit un vieux répons imité de l'Apocalypse, la porte de la cité placée à l'Orient, les noms des apôtres inscrits sur elle avec le nom de l'Agneau, et au-dessus des murs une garde d'anges" (Brev. monast. Dom. III, p. Pasch. in I noct.). Les anges sont pour l'Eglise une garde et aussi un cortège. Ils lui attirent des âmes, ils lui procurent de saints pontifes, ils offrent à Dieu les prières de ses enfants, ils la défendent et au besoin la vengent de ses ennemis. Nous allons les voir exercer ces différents ministères, dont le type est dans les pages de l'Ecriture sainte.

Paulin rapporte le trait suivant dans la vie de saint Ambroise. "Il y avait à Milan un arien, disputeur acrimonieux, sectaire inconvertissable à la foi catholique. Etant entré dans l'église où prêchait saint Ambroise, il vit, c'est lui-même qui en rendit témoignage, un ange debout à côté du saint évêque et lui soufflant à l'oreille les instructions qu'il adressait au peuple. Cette vision le convertit, et il se mit à défendre la foi qu'il s'acharnait précédemment à attaquer " (Les Bollandistes, Act. SS., Sep. Tom. VIII, p. 96).

Selon le rapport de saint Nil, saint Jean Chrysostome était fréquemment favorisé de la vue des anges que Dieu avait constitués les gardiens de son église. Il les contemplait notamment durant l'acte du saint Sacrifice et ne pouvait taire à ses intimes l'admiration que lui causait ce spectacle. "Il disait qu'aussitôt que le prêtre avait mis la main à l'oblation sainte, de nombreux esprits ou puissances angéliques descendaient du ciel, ornés de vêtements éblouissants et, pieds nus, les yeux attentifs, le visage incliné, rangés autour de l'autel, assistaient jusqu'à la fin du vénérable sacrifice en grand respect et sans faire aucun mouvement ; au moment de la communion, ils escortaient dans la nef les évêques, prêtres et diacres qui distribuaient les saintes espèces, les soutenant et leur donnant des forces".

Un phénomène angélique très remarquable arriva pendant l'épiscopat du même saint ; le voici tel qu'il est raconté par l'historien Socrate. Gaïnas, roi des Goths ariens, assiégeait Constantinople où commandait l'empereur Arcadius. La ville était dégarnie de ses troupes que l'on avait dû envoyer en Orient. Gaïnas crut qu'il en viendrait à bout par un coup de main tenté la nuit. Quelle ne fut pas sa surprise, quand se glissant au pied des remparts, il les vit couronnés de guerriers d'une stature gigantesque ! Il se retira effrayé. Il voulut revenir à la charge les nuits suivantes et se retrouva en face des mêmes mystérieux adversaires. Il dut abandonner son projet. On ne douta pas que ces défenseurs, inconnus des habitants, n'aient été des anges. Ce fait, dans son étrangeté, paraît acquis à l'histoire ; car Somozène en fait également mention.

Si les anges emportent au ciel les âmes des pieux solitaires, ils remplissent avec allégresse le même office vis-à-vis des saints évêques. À la mort de saint Martin éclatent de tous côtés des symphonies angéliques ; elles viennent jusqu'aux oreilles de son ami saint Séverin de Cologne. Saint Benoît voit l'âme de saint Germain de Capoue monter au ciel dans un cortège d'anges. Ces bienheureux esprits convoquent aux obsèques de saint Mélaine, évêque de Rennes, ses collègues des églises voisines, à savoir saint Aubin d'Angers, saint Victor du Mans, saint Lo de Coutances et un saint Mars ou Marc dont le siège est inconnu (Act. SS. Jan. Tom. I, p. 332). Heureux temps, où les évêques étaient tous des saints, tous familiers avec les anges !

Ceux-ci prenaient leur défense quand ils étaient injustement attaqués, témoin le fait suivant arrivé à saint Sabin, évêque de Canuse en Italie. Il est calomnié par ses ennemis. Le pape Félix IV le mande à Rome ; il y arrive en toute hâte. Mais le pontife, prévenu contre lui, le reçoit assez froidement et lui interdit de mettre le pied hors du palais où son procès devait s'ouvrir dès le lendemain matin. On donne à l'évêque une modeste chambre pour y passer la nuit. Vers minuit, il se lève et se met à chanter des psaumes ; et voici que les chœurs angéliques lui répondent. Les domestiques du palais et le pape lui-même sont éveillés par cette harmonie céleste. Félix IV accourt à la chambre de l'évêque Sabin, il le voit entouré d'une vive lumière, il se jette à ses pieds et lui demande pardon des préventions qu'il avait trop facilement accueillies contre lui (Act. SS. Feb. Tom. II, p. 515).

Les anges ne furent pas étrangers à l'élection de saint Grégoire le Grand comme souverain pontife. On connaît la touchante histoire du pauvre naufragé qui par trois fois demande l'aumône à Grégoire, alors abbé du monastère du mont Cœlius ; la troisième fois, le saint lui donne une écuelle d'argent qu'il tient de sa mère. Devenu pape, Grégoire a l'habitude d'entretenir douze pauvres ; un jour qu'il entre dans la salle où on leur sert à manger, il remarque un treizième convive et ce convive reste invisible à tout autre œil que le sien. Il pressent un mystère, il le retient et l'interroge. "Je suis, lui dit le mystérieux personnage, un ange du Seigneur : j'étais le naufragé à qui tu as donné une écuelle d'argent. Cette action t'a valu d'être choisi dans les décrets de Dieu pour devenir le chef de son Eglise ; et tu es confié à ma garde durant ta vie mortelle". Et le pauvre disparaît. Le fait est rapporté par Jean Diacre, auteur du neuvième siècle ; avec leur insigne réserve, les Bollandistes n'osent le donner comme absolument certain parce que, disent-ils, l'auteur n'est pas contemporain ; ils ne veulent pas néanmoins l'omettre car, outre qu'il est très célèbre, on montre encore aujourd'hui la salle où le messager céleste fut reçu à la table des pauvres. La tradition romaine mentionne encore au temps de saint Grégoire, l'apparition d'un ange sur le môle d'Adrien ; l'esprit céleste, qui tient une épée flamboyante, la remet au fourreau pour indiquer la cessation d'une grande peste qu'obtiennent les processions suppliantes organisées par le saint pape. C'est en mémoire de cette apparition merveilleuse que le môle d'Adrien s'appela château Saint-Ange et que la statue colossale d'un ange fut érigée au-dessus. Les historiens de saint Grégoire sont muets sur cet événement que, pour ce motif, la critique hésite à accepter. N'insistons pas. Il est bon toutefois de noter ce que saint Grégoire lui-même raconte dans ses Dialogues : durant la peste en question, on vit physiquement, "corporali visu", des flèches qui du haut du ciel étaient décochées contre la ville de Rome. Entre ces flèches, indice palpable du fléau, et l'ange qui remet l'épée au fourreau, n'y a-t-il pas un rapport ?

Je pourrais continuer, d'après les Bollandistes, la liste des saints évêques favorisés d'apparitions angéliques. Saint Cuthbert voit l'âme de saint Aïdan, son prédécesseur au siège de Lindisfarne, emportée au ciel par les anges ; lui-même est guéri, étant jeune pâtre, par un remède dont ils lui enseignent la composition ; plus tard, hôtelier dans un monastère, il y reçoit un de ces bienheureux esprits sous la forme d'un passant. Saint Arige, évêque de Gap, chante matines avec un chœur angélique, au milieu duquel Probus son clerc familier le surprend. Saint Udalric, évêque d'Augsbourg, est étendu sur son lit de mort, incapable de se mouvoir ; tout à coup il se lève, c'était la fête de saint Jean-Baptiste, demande ses habits sacerdotaux et, au grand étonnement de son entourage, célèbre deux fois la sainte messe ; il atteste que deux anges l'ont soutenu pendant ces fonctions sacrées. Saint Léon IX, au moment de gagner Rome, après son élection au souverain pontificat, est troublé, angoissé ; tandis qu'il épanche son âme devant Dieu, il entend une voix céleste qui lui chante avec une douceur infinie : "Je médite des pensées de paix et non d'affliction, vous m'invoquerez et je vous exaucerai et, de tous lieux, je ramènerai vos captifs". Grandement consolé, le saint pape part pour Rome, où il engage pour la liberté de l'Eglise la grande lutte dont saint Grégoire VII fut le champion victorieux.

Les apparitions de saint Michel

J'ai réservé de traiter, dans un article spécial, des manifestations de saint Michel Archange qui, d'après saint Jérôme, fut l'ange gardien de la race d'Abraham, et qui est maintenant l'ange gardien de l'Eglise (1). On le nomme l'archange : de bons auteurs estiment qu'ayant été le chef des anges fidèles, il est le prince de toute l'armée céleste et la liturgie consacre cette appellation. L'Ecriture l'appelle "l'un des premiers princes" ; mais cette locution, dans le génie de la langue hébraïque, équivaut à cette autre "le premier d'entre les princes". Saint Michel serait donc, absolument, le premier, le plus élevé de tous les anges.

Son culte remonte à la plus haute antiquité : les Grecs disent qu'ils le tiennent directement des apôtres. Il y eut, d'après eux, une apparition de saint Michel à Chones, en Asie Mineure, qui est l'ancienne Colosses. Un serviteur de Dieu, nommé Archippus, y habitait auprès d'un oratoire dédié à l'archange et baptisait de nombreux païens ; les idolâtres furieux résolurent de ruiner l'oratoire, en détournant sur lui les eaux d'un petit fleuve ; mais saint Michel vint au secours de son serviteur, il frappa d'une

(1) Cette dissertation est tirée des Bollandistes (Act. SS. Sept. Tom. VIII, p. 38-87).

verge un rocher qui s'ouvrit et engloutit les flots envahisseurs et l'oratoire devint plus célèbre que jamais.

Ce sanctuaire de Chones n'était pas le seul érigé en Orient en l'honneur de celui que les Grecs appellent l'"archi-stratège" des armées divines. Constantin le Grand bâtit une église à saint Michel près de Constantinople sur la rive européenne ; une autre s'élevait sur la rive asiatique, puis une troisième au Bosphore ; puis on compta, dans la ville impériale et aux alentours, jusqu'à quinze ou tout au moins quatorze sanctuaires dédiés au glorieux archange.

En Occident, le foyer du culte rendu à saint Michel est le fameux sanctuaire du mont Gargan, situé au bord de la mer, dans l'Apulie, aujourd'hui la Capitanate. Son origine remonte à une apparition de l'archange, qui eut lieu, d'après la supputation très minutieuse des Bollandistes, de l'an 520 à 530 de l'ère chrétienne. Elle est honorée publiquement dans toute l'Eglise par une fête qui se célèbre le huit mai. Elle est racontée comme il suit dans la légende du bréviaire. "Des bergers, à la recherche d'un taureau égaré, le trouvèrent arrêté à l'entrée d'une caverne sur le mont Gargan. L'un deux lui tira une flèche, qui, repoussée par une main invisible, s'en vint retomber sur l'archer. À ce prodige, les bergers furent saisis d'une grande crainte et ils n'osèrent approcher de la caverne. Les habitants de Siponte, ville placée au pied de la montagne, consultèrent leur évêque au sujet de cet événement. Cet évêque (qui était un saint Laurent) déclara qu'il fallait demander à Dieu, par un triduum de jeûnes et de prières, de manifester plus clairement ses volontés. Au bout de trois jours, l'archange saint Michel apparaissant à l'évêque, l'avertit que le lieu marqué par l'événement était placé sous sa garde et qu'il voulait qu'un culte y fût rendu à Dieu avec mémoire de lui-même et des anges. L'évêque, entouré des habitants, prit le chemin de la caverne. Il la trouva conforme à la ressemblance d'un temple, il n'hésita pas à y célébrer l'office divin et de nombreux miracles la rendirent illustre dans tout l'univers. Peu après, le pape Boniface, le trois des ides d'octobre, dédia à Rome, dans le grand cirque, une église à saint Michel ; et c'est en ce jour que l'Eglise fait la fête de tous les saints anges". Il serait trop long de feuilleter les annales du mont Gargan : nous y trouverions relatées, parmi d'innombrables miracles, plusieurs apparitions de saint Michel et des saints anges ; l'empereur saint Henri mérita notamment d'en avoir une qui est racontée tout au long de sa vie (Act. SS. Jul. Tom. III, p. 725).

J'arrive à la célèbre apparition de saint Michel, qui a donné naissance à notre sanctuaire fameux des côtes normandes, élevé au sommet de l'îlot rocheux du mont Tumba, autrement dit le mont Saint-Michel en péril de mer. Elle eut lieu au commencement du huitième siècle ; elle offre une certaine ressemblance avec celle du mont Gargan. L'archange apparaît en songe par trois fois à saint Aubert, évêque d'Avranches et l'avertit de lui bâtir un sanctuaire sur le mont Tumba, qui dresse au milieu des flots ses falaises escarpées. Il lui déclare de plus qu'il trouvera les fondements de l'église indiqués et comme dessinés par les piétinements d'un jeune taureau, qui s'est trouvé chassé et relégué sur l'îlot désert. Saint Aubert se rendit à la sommation de l'archange et, au lieu marqué, il lui éleva une église qui devint le but d'un pélerinage fameux au Moyen Âge. Un monastère y fut juxtaposé. L'église brûla au dixième siècle et fut rebâtie avec plus de magnificence encore. À cette occasion, on raconte que la nuit de la fête de saint Michel une colonne de feu parut pénétrer dans l'église reconstruite : c'était l'archange qui, sous un tel symbole, prenait authentiquement possession de son nouveau sanctuaire. Trois fois encore il fut brûlé ; il ressuscita de ses cendres, une quatrième fois, sous la forme qu'on lui voit aujourd'hui ; et chacun sait combien est étrange et puissante la végétation gothique d'arceaux, de baies et de clochetons, qui étreint et surmonte, en l'honneur de saint Michel, le vieux mont Tumba en péril de mer.

Je conviens volontiers que les apparitions de l'archange à saint Laurent de Siponte, comme celles dont saint Aubert fut l'objet, peuvent avoir été imaginatives et non proprement physiques. Il me semble qu'il n'y a pas lieu à épiloguer sur cette question, quand on considère l'immense mouvement de piété envers saint Michel qui s'en est suivi. Evidemment, il y a eu manifestation du glorieux archange ; soit au mont Gargan, soit au mont Tumba, il a pris contact, et d'une façon permanente, avec nos églises occidentales.

À la suite de ces deux événements capitaux, les savants hagiographes relatent les principales apparitions de saint Michel aux saints de divers âges. Ils citent en première ligne saint Martin dont le prince de la milice céleste reçut l'âme sortant de son corps ; ils racontent, à cette occasion, les nombreuses visites que font les anges pendant sa vie au grand thaumaturge, le rassurant dans ses troubles de conscience, l'enhardissant à paraître devant l'empereur Valentinien, l'instruisant de ce qui se passe au loin, se montrant à lui casqués et armés en guerriers pour lui prêter main-forte dans la destruction d'un temple païen, le soignant alors qu'il s'est blessé et brisé les membres dans une chute ; bref, les anges le traitent comme un frère, en attendant que saint Michel lui ouvre le Paradis. Il l'ouvre également, d'après Grégoire de Tours, à l'âme de la bienheureuse Disciola, nièce de saint Sauve d'Albi, dont il réconforte l'agonie avec sa bénédiction. Il vient visiter saint Wilfrid, archevêque d'York gravement malade à Meaux, en France, et qui n'attend plus que la mort et lui annonce, de la part de Dieu, qu'il lui est encore accordé quinze années de vie ; il lui recommande de bâtir une église à la sainte Vierge qui lui a obtenu par sa prière cette prolongation inespérée d'existence. Le glorieux archange prête main-forte à saint Jean de Réomai qui exorcise une possédée, enchaîne le démon qui la tourmente et le force à quitter la place. Sous l'aspect d'un jeune guerrier qui brandit son glaive, il délivre le bienheureux Bernard Toloméi des infestations des démons qui, la nuit, viennent ruiner les murs en construction de son monastère. Il se montre au bienheureux Ferdinand de Portugal avec la croix d'une main et de l'autre une balance, et le console dans la dure prison où il gémit en pays infidèle.

Arrêtons-là cette énumération. Mais comment oublier l'intervention de saint Michel en faveur de notre France, quand il exhorte Jeanne d'Arc à délivrer ses provinces envahies par l'Anglais ? Jeanne d'Arc, jeune pastourelle, entend des voix ; elle est visitée, comme il convient à une vierge, par sainte Marguerite et sainte Catherine ; mais aussi, future guerrière, elle est animée d'un souffle héroïque par saint Michel, le prince des célestes milices et par les anges, ces soldats de Dieu. Ecoutons comment en son langage naïf, limpide et robuste, elle raconte leurs approches. "Je l'ai vu, lui saint Michel et les anges, aussi clairement que je vous vois, vous mes juges, et je crois d'une foi aussi ferme ce qu'il a dit et fait que je crois à la passion et à la mort de Jésus-Christ Notre-Seigneur. Il me disait avant tout que je devais être une bonne enfant. Il me racontait la grande pitié qui était au royaume de France et comment je devais me hâter d'aller secourir mon roi..."

N'est-il pas ravissant ce colloque de l'archange avec la pastourelle ? Dira-t-on que Jeanne d'Arc est une visionnaire ? Ce n'est pas une vision creuse que celle qui transforme une fille des champs en héroïne capable de commander les armées ! La Pucelle va jusqu'au bout de sa mission avec un imperturbable confiance ; elle délivre Orléans, elle fait sacrer le roi à Reims ; ce que lui a dit saint Michel s'accomplit à la lettre. L'épée invisible de l'archange a flamboyé autour de Jeanne. Bientôt, de son îlot des côtes normandes, où il a pris pied sur notre sol et conclu une alliance avec notre patrie, saint Michel verra les rivages mêmes de la France purgés de leurs envahisseurs.

Les anges protecteurs des monastères

Il nous faut revenir en arrière. J'ai montré plus haut comment les anges étaient les compagnons et, souvent, les nourriciers des anachorètes au fond des déserts. Je ne puis omettre les manifestations de leur assistance et de leur protection vis-à-vis des saints moines. Car cette protection, toujours invisible et effective, s'est déclarée souvent d'une manière palpable sur les monastères, nés de la règle et de l'esprit de saint Benoît, qui ont germé au moyen âge sur tous les points de l'Europe comme autant de foyers de prière, de science sacrée, et de civilisation chrétienne (1).

Saint Benoît, à n'en pas douter, était familier avec les visions angéliques, comme on l'a vu par celle dont il fut favorisé à la mort de saint Germain de Capoue. Marc, son disciple, dans le poème qu'il a consacré à sa mémoire, rapporte qu'en allant de Subiaco vers le mont Cassin, il était escorté, tandis que trois corbeaux voletaient devant lui, par deux guides mystérieux que l'on croit avoir été des anges. Dans une grande famine qui dévasta la Campanie, des mains inconnues, au moment où les vivres commençaient à manquer au monastère, déposè-

(1) Tous ces faits sont tirés, sauf indication spéciale, de l'étude précitée des Bollandistes.

rent sur le seuil deux cents mesures d'excellent froment.

Saint Grégoire, qui rapporte ce dernier fait dans ses Dialogues, y relate plusieurs touchants épisodes d'interventions angéliques. Au décès de saint Etienne, abbé de Riéti, plusieurs virent de leurs yeux entrer dans sa cellule une troupe d'anges ; et ceux-là même qui ne les virent pas se sentirent saisis d'une religieuse terreur. Le même phénomène se produit à deux reprises, à la mort de sainte Romula : la seconde fois, les anges forment deux chœurs, comme si des hommes et des femmes alternaient les louanges de Dieu. Vers la même époque, saint Hilaire, abbé de Galéati, jouit de la familiarité d'un ange qui lui indique l'emplacement où il doit construire un monastère, le protège contre les fureurs du roi Théodoric et, finalement, l'invite aux joies célestes.

Les rudes moines bretons conversent également avec les esprits angéliques. Saint Congall est en voyage, il arrive à la porte d'un certain Bégan et il voit les anges aller et venir sur le toit de sa demeure. Il soupçonne un mystère, et se fait présenter les enfants de la maison ; parmi eux se trouve un élu de Dieu, il s'appelle Cronan, on l'emploie à la garde des troupeaux. Saint Congall l'emmène au monastère de Benchor. S'étant formé à cette sainte école, Cronan, devenu grand, fonde lui-même un monastère ; le prince du pays où il s'est établi veut le chasser à main armée ; mais, en approchant de la retraite de l'homme de Dieu, il voit des anges planant au-dessus des arbres qui la couvrent ; il s'arrête interdit et, loin de molester Cronan, il lui assigne une ample dotation dans ses domaines (Act. SS. Jan. Tom. I, p. 47).

Au huitième siècle, meurt en Toscane saint Valfrid, abbé de Monteverde. Les anges font entendre, pendant tout le temps de ses obsèques, une harmonieuse psalmodie ; elle frappe l'oreille des bergers qui paissent les troupeaux dans la campagne ; elle se répercute à trente milles du monastère. Saint Meinrad, fondateur d'Einsiedeln, est un jour assailli par une telle multitude de démons qu'ils obscurcissent la lumière et font, autour de lui, une nuit ténébreuse ; il prie et voit une clarté poindre du côté de l'Orient, c'est un ange qui s'approche de lui et le délivre. Une autre fois, un moine d'Auge qui rend visite au saint ermite voit un enfant de sept ans, d'une merveilleuse beauté, pénétrer dans sa cellule ; cet enfant se met à prier avec Meinrad, l'entretient de diverses choses, puis disparaît.

Venons-en à nos grands abbés du Moyen Âge. Saint Maïeul de Cluny tombe aux mains des Sarrasins ; la nuit, ces barbares entendent des voix mélodieuses reprendre la psalmodie dont leur captif donne l'intonation ; touchés de ce prodige, plusieurs se convertissent. Une autre fois, durant un voyage du saint abbé, son cheval est arrêté par la main d'un ange au moment où il va donner de la tête, étant assoupi, contre un arbre penché au travers de la route. La vie de saint Hugues, l'un de ses successeurs contient cette anecdote charmante. Un jour, il dit à des moines qui étaient avec lui, en leur désignant un enfant : "Pourquoi m'avez-vous amené cet enfant ?". "Mais il n'y a pas d'enfants ici, répondirent-ils". "Comment, reprit le saint abbé, vous ne voyez pas ce bel enfant ?". "Nous ne voyons aucun enfant". Le saint comprit alors qu'il y avait là quelque mystère et se tut. Cet enfant, observe son biographe, était sans doute son ange gardien qui lui apparaissait visiblement (Act. SS. Tom. III, p. 650).

L'Italie monastique nous présente les mêmes gracieux et touchants phénomènes. Saint Jean de Pulsano, voyageant avec quelques moines, voit l'un deux disparaître dans un gouffre ; il se met en prière ; aussitôt un ange se montre et, fendant l'air comme un oiseau, plonge dans l'abîme béant, d'où il retire le moine sain et sauf. "Remercie, lui dit-il, l'abbé Jean qui t'a valu ta délivrance". Saint Jean Gualbert voit son ange gardien sous la forme d'un jeune homme : croyant avoir affaire à un mortel, il s'informe auprès de ses religieux si on a offert à manger à ce frère étranger. À l'étonnement des moines présents qui n'ont rien vu, il reconnaît qu'il a reçu la visite d'un esprit céleste. Curieuse est l'anecdote suivante tirée de la vie de saint Guillaume de Mont-Vierge. Jean de Nusco, l'historien de sa vie, s'était rendu à son ermitage. Au milieu de la nuit, il voit descendre du ciel vers l'humble réduit où le saint vaquait à la prière, deux grands oiseaux de la taille des hérons, blancs et splendides, jetant une telle lumière que la montagne en fut éclairée ; ils pénètrent dans la cellule de l'homme de Dieu et demeurent longtemps auprès de lui. Le lendemain, Jean interrogea le saint sur cette étrange visite. Guillaume se contenta de lui répondre : "Va en paix , mon fils, ce que tu as mérité de voir par la grâce de Dieu, tu ne le verras plus désormais".

J'arrive à notre saint Bernard. Le "Grand Exode de Cîteaux" nous apprend combien il était coutumier des visions angéliques. Elles frappaient notamment ses yeux quand il était au chœur entouré de ses moines. Pendant matines, il voyait des anges assistant chacun de ses religieux et recueillant sur un registre, sténographes mystérieux, chaque note de leur psalmodie : seulement, les uns traçaient des lettres d'or, les autres des lettres d'argent, ceux-ci écrivaient à l'encre, ceux-là trempaient leur plume dans de l'eau incolore, quelques-uns même restaient sans écrire, selon l'état respectif de ferveur ou de tiédeur des choristes. Une autre fois, au moment où l'on entonnait le "Te Deum" à matines, le saint abbé vit les anges en mouvement dans le chœur comme un essaim de mystiques abeilles, allant d'une rangée à l'autre des stalles, et excitant les moines à chanter avec dévotion et allégresse l'hymne séraphique. Heureux temps, heureux monastère où, selon l'expression de saint Bernard lui-même, le ciel était plus proche, l'atmosphère plus transparente, Dieu plus familier ! (Exord. Cist. Dist. II. 3, 4).

Saint Bernard est, on le sait, le grand prédicateur de la seconde croisade. Elle ne réussit pas comme on l'avait espéré, la faute en fut à l'inconduite de certains croisés ;

le saint abbé fut pénétré de chagrin de cet insuccès. Dieu le consola de diverses manières ; il lui fit savoir que beaucoup d'âmes avaient été sauvées au cours de l'expédition. Elle fut marquée d'un fait prodigieux, raconté comme il suit par Guillaume de Tyr et reproduit comme très digne de foi par Baronius. Le voici textuellement :

"C'était en l'an 1146. L'armée des croisés était engagée sans guide en des lieux périlleux quand, soudain, un guerrier étranger montant un blanc coursier, portant un rouge étendard, casqué et cuirassé, les bras nus jusqu'au coude, prit la tête de la colonne en marche. Il la guida par des chemins de traverse, la conduisit à des sources ignorées, lui procura des commandements commodes et bien distribués. Et il arriva ainsi qu'en trois jours l'armée parvint à Gadara, alors que cinq jours ne suffisaient pas auparavant pour ne fournir qu'une partie du chemin... Personne, ajoute Guillaume, ne connaissait ce guide. Dès qu'on arrivait au campement, il s'éclipsait et, le lendemain matin, il reparaissait à la tête des troupes. Il est inouï qu'une pareille expédition, par des chemins semblables, en pays ennemi, ait pu s'achever sans pertes et désastres". Baronius n'hésite pas à prononcer que le guide providentiel et mystérieux ne pouvait être qu'un ange.

Ainsi les anges ne veillaient pas seulement sur les monastères, mais sur les armées chrétiennes. Ils entouraient aussi de leur sollicitude quasi maternelle les humbles et les petits, témoin leur intervention en ce même douzième siècle auprès de saint Isidore le laboureur. Ce saint homme était aux gages d'un maître, auquel on rapporta malicieusement qu'il négligeait le soin des champs. Le maître voulut s'assurer de ses yeux si le fait était exact ; il se rendit, à l'improviste, là où Isidore était occupé au labour. Et il vit, à sa grande surprise, l'attelage du saint encadré de deux autres attelages de bœufs tout blancs conduits par des inconnus ; et tous trois poussaient l'ouvrage avec une grande vigueur. Soudain, les deux attelages adjoints disparurent et il ne resta plus que le saint tout seul conduisant ses bœufs. Le maître demeura stupéfait, il comprit qu'il y avait là un fait d'ordre surnaturel et, plus que jamais, donna toute sa confiance à son saint intendant. D'après une très vieille peinture, la femme d'Isidore, sainte elle-même, eût été témoin du prodige. Saint Isidore est le patron de la ville de Madrid ; les Bollandistes déclarent que ses actes ont tous les caractères d'une parfaite authenticité. La scène si charmante du saint laboureur, poussant la charrue entre deux anges qui labourent avec lui, a tenté le pinceau des peintres qui l'ont justement popularisée.

Les anges et les saints du treizième siècle

Je reprends ici strictement avec les Bollandistes l'ordre chronologique, duquel je me suis écarté pour classer sous diverses dénominations, qui ont certainement leur intérêt, les phénomènes angéliques recueillis dans les siècles antérieurs.

Comme précédemment, les savants hagiographes seront la principale source et la caution des faits que je mets en avant.

Au tout début du treizième siècle, vivait en Belgique sainte Marie d'Oignies. Elle eut pour historien le cardinal Jacques de Vitry qui la connaissait fort bien et qui dit d'elle : "Il ne se passa presque pas de jour et de nuit qu'elle n'ait été visitée par les anges et les saints qui faisaient son habituelle conversation". Ils la charmaient par une douce musique durant ses repas qu'elle prenait au pain et à l'eau ou durant ses insomnies. Elle jouissait habituellement de la vue de son ange gardien, qui exigeait qu'elle prît un peu de repos et qui l'éveillait à l'heure de la prière ; elle lui obéissait en tout comme à son abbé.

Sa contemporaine, la bienheureuse Yvette, recluse à Hui, dont Hugues de Floreffe écrivit la merveilleuse vie, fut également en grande familiarité avec les anges.

De même la vierge cistercienne Ida de Louvain ; elle est

communiée par une main angélique. Semblable faveur est accordée à sainte Lutgarde, qui est une autre parure de l'ordre de Cîteaux.

L'ordre des frères-prêcheurs est appelé à bon droit l'ordre angélique, en raison de la blanche livrée que lui donna la sainte Vierge.

La vie de saint Dominique, son glorieux fondateur, renferme plusieurs traits ravissants, dénotant un commerce habituel avec les esprits célestes. Un premier trait se réfère au séjour du saint à Rome.

"Il était allé visiter les sœurs de Saint-Sixte ; il se faisait tard, il se mit en devoir de rentrer à son couvent de Sainte-Sabine sur l'Aventin. On voulut le retenir, mais il dit : "Le Seigneur veut que je m'en aille, il nous enverra son ange". Prenant avec lui frère Tancrède et frère Odon, il sortit. À la porte, ils trouvèrent un très beau jeune homme, en tenue de route, un bâton à la main, qui se mit à marcher devant eux. Le saint fit passer ses compagnons entre leur guide et lui-même, en sorte qu'il marchait le dernier. Ils arrivèrent au couvent dont les portes étaient closes. Le jeune homme se dirigea vers l'un des battants de la porte principale qui s'ouvrit de lui-même ; il entra, introduisit les deux frères et le saint, ressortit et la porte se trouva close comme précédemment. Frère Tancrède interrogea le saint : "Quel est ce jeune homme qui nous a accompagnés ?" Le saint répondit : "Mon fils, c'est un ange que Dieu a envoyé à notre garde".

Un second trait nous montre le saint dans ses courses

apostoliques et séjournant chez l'évêque de Faenza (1). "Lorsqu'il se levait avec son compagnon pour chanter matines, on constata à plusieurs reprises que deux jeunes hommes d'une grande beauté s'approchaient de leur chambre avec des flambeaux allumés et les conduisaient tous deux hors du palais épiscopal dont les portes demeuraient closes, puis revenaient au bout de quelque temps. Le fait fut rapporté à l'évêque qui voulut s'en rendre compte de ses propres yeux. Ayant vu les deux jeunes porteurs de flambeaux qui accompagnaient le saint dehors, il alla le matin trouver son hôte et, avec un grand respect, lui demanda quels étaient ces jeunes gens qui l'escortaient la nuit. Le saint parut ne pas comprendre. Enfin, pressé par l'évêque, il lui déclara que c'étaient des anges et que le lieu où ils le conduisaient chaque matin était une certaine église de Saint-André, située dans les vignes, où il avait su par révélation que devait s'élever un couvent de son ordre. Profondément touché, l'évêque se hâta de lui concéder cette église pour faire ériger à côté d'elle un couvent".

Nul doute que saint Dominique n'ait eu durant sa vie bien d'autres rapports avec les anges qui sont restés inconnus. Un ange lui annonce sa précieuse mort en lui disant : "Viens, mon bien-aimé, viens aux joies éternelles".

---

(1) Ce fait n'est pas relaté par un auteur absolument contemporain, comme l'est le précédent ; toutefois, il est si précis et si intéressant que je n'ai pas cru devoir l'omettre.

L'un de ses premiers successeurs comme maître général des frères-prêcheurs, saint Raymond de Pennafort, était, dit son historien, si familier avec les anges, à cause de sa grande pureté et sainteté, que l'un de ces esprits venait souvent l'éveiller quand était arrivée l'heure de la prière.

Personne n'ignore la grâce insigne conférée à saint Thomas d'Aquin par le ministère des anges. Il venait de repousser une malheureuse qui avait tendu des embûches à sa chasteté ; il avait prié Dieu avec larmes de le préserver à tout jamais du vice impur ; il s'était endormi. Durant son sommeil, il vit deux anges qui lui serraient les reins d'une ceinture en lui disant que sa prière était exaucée. Or, la douleur qu'il ressentit à ce moment fut si vive qu'il poussa de grands cris. Il confia plus tard à frère Raynald, son compagnon, la faveur qu'il avait reçue ; et près de mourir, il déclara à son confesseur la merveilleuse immunité dont Dieu l'avait gratifié. En elle-même, la vision paraît avoir été imaginative ; mais l'action exercée par les anges fut incontestablement physique puisque le saint témoigna par de hauts cris la douleur qu'il ressentait.

Le séraphique saint François fut un grand ami des anges. D'après les chroniques franciscaines, un mystérieux étranger déclara à sa mère qu'elle ne le mettrait au monde que dans une étable ; puis, quand il fut né, un mendiant non moins énigmatique le prit des bras de sa nourrice et annonça ses hautes destinées. Donnant sous réserve ces deux traits légendaires, je m'arrête à deux faits capitaux qui dominent la vie du patriarche d'Assise : la concession de l'indulgence de la Portioncule et l'impression des stigmates, dans lesquels intervient le ministère des anges (Act. SS. Oct. Tom. II, p. 557-558).

À six cents pas d'Assise se trouvait une petite église appelée Notre-Dame des Anges ; on disait y avoir entendu souvent des concerts angéliques. Elle était presque ruinée, au moment où François commençait sa vie nouvelle d'absolue pauvreté ; il la répara de ses propres mains. Elle lui devint très chère ; les bénédictins du Mont-Subasio, auxquels elle appartenait, l'abandonnèrent au sublime "Poverello" avec le domaine exigu, "portioncula", qui l'entourait. Une nuit, saint François reçut un avertissement céleste de s'y rendre ; il y trouva Notre-Seigneur et Notre-Dame entourés d'une multitude d'anges qui couvraient les champs alentour. C'est alors que le Sauveur invita son serviteur à lui demander quelque grâce : et le saint implora de sa divine bonté l'indulgence dite de la Portioncule qui fut ratifiée par les souverains pontifes. L'apparition miraculeuse, qui y donna naissance, a été consignée dans des relations très sérieuses et a pris place dans les offices de l'Eglise. Les Bollandistes la considèrent comme incontestable, dans la longue et savante dissertation qu'ils lui consacrent (Loco citato, p. 879-919).

Il faut en dire autant de l'impression des stigmates sur le mont Alverne. Le fait lui-même est placé sous la haute et solennelle garantie de l'Eglise, puisqu'elle a institué une fête pour en célébrer la mémoire. La manière dont il s'est accompli n'est pas moins déterminée avec précision. Ainsi que l'a raconté saint Bonaventure, reproduisant des relations antérieures, le saint, priant en haut de la montagne, vit descendre du ciel et s'arrêter à quelque distance de lui dans les airs un séraphin qui semblait cloué à une croix ; il avait six ailes de flamme, dont deux se dressaient au-dessus de sa tête, deux palpitaient à ses côtés, et deux couvraient ses pieds. Tandis que l'homme séraphique contemple cette vision, le cœur navré de douleur et d'amour, il reçoit les stigmates sacrés à ses pieds, à ses mains et à son côté. Le séraphin crucifié les lui a gravés en traits brûlants ; et il redescend lui-même de la montagne comme un crucifix vivant (Loco citato, p. 648-652).

Les faits angéliques abondent dans la postérité spirituelle de ce grand saint ; il est impossible même de les mentionner rapidement. Saint Bonaventure, encore jeune, reçoit la communion de la main des anges. La vie de sainte Marguerite de Cortone, écrite par son confesseur, offre une suite presque ininterrompue d'apparitions angéliques ; qu'il suffise d'en citer une. La nuit précédant la fête de sainte Claire, un ange ayant six ailes, apparut à l'héroïque pénitente et lui donna sa bénédiction ; celle-ci produisit dans son âme un tel incendie d'amour, qu'un rire d'allégresse éclatait, malgré elle, sur ses lèvres, et ce phénomène se reproduisit plusieurs fois dans la nuit. Plus tard même, la sainte ne pouvait songer à cette vision sans en ressentir les merveilleux effets par une joie qu'elle ne pouvait contenir. La bienheureuse Humiliane de Cerchis, florentine, veuve du tiers ordre, était éclairée la nuit par un ange, et il la nourrit une fois d'un pain tout blanc et odoriférant.

Je termine cette revue du treizième siècle par une anecdote tirée de la vie de saint Philippe Béniti, propagateur de l'ordre des Servites. En l'un de ses voyages, étant avec quatre compagnons dans les âpres forêts des Alpes, il perd sa route, il erre pendant trois jours et, à la fin, il succombe d'épuisement et de fatigue. Il se met en prière ; soudain des voix humaines se font entendre. Deux hommes se présentent, costumés en bergers, mais faisant paraître sur leur visage et dans leurs paroles une aménité qui contraste avec la rudesse d'un berger de la montagne. Ils font entrer saint Philippe et ses compagnons sous un toit rustique et ils leur servent des mets simples mais bien préparés, des pains éclatants de blancheur et d'un goût exquis et une boisson rafraîchissante. Les religieux se restaurent en rendant grâce à Dieu. Les deux bergers les remettent ensuite sur leur chemin. Quand le saint veut les remercier, il se trouve qu'ils ont disparu. Il demeura persuadé qu'il avait eu affaire à des anges du Seigneur.

Les anges et les saints du quatorzième siècle

Au seuil du quatorzième siècle, nous trouvons le candide et vraiment angélique saint Nicolas de Tolentino, des Ermites de Saint-Augustin. Ses parents soupirent après une postérité qui a été jusqu'alors refusée à leurs vœux : un ange les avertit de faire un pélerinage au tombeau de saint Nicolas ; ils y vont et obtiennent de Dieu l'enfant de bénédiction qui reproduit les vertus et la puissance thaumaturgique de son patron le grand évêque de Myre. Les démons s'acharnent contre lui, les anges le consolent. Six mois avant sa sainte mort, chaque nuit, avant l'heure de matines, il entend des oreilles de son corps, "corporalibus auribus", un concert angélique d'une harmonie exquise. Il en est si délecté qu'il s'écrie : "Je désire la dissolution de mon corps pour être avec Jésus-Christ".

Après lui se présente le grand saint breton, le soutien et l'avocat des pauvres, saint Yves de Tréguier. Voici ce que dépose un témoin dans son procès de canonisation. "Comme j'étais à table avec le seigneur Yves en sa maison de la Ville-Martin, un pauvre guenilleux et repoussant se présenta ; maître Yves le fit asseoir en face de lui et manger dans son assiette même. S'étant restauré, le pauvre se leva et nous dit en breton : "Adieu, le Seigneur soit avec vous !" À ce moment, il apparut aux yeux de maître Yves tout transfiguré et éclatant de blancheur. Maître Yves me fit remarquer ce changement, tel que la maison en devint resplendissante ; il ne voulut plus ce jour-là se mettre à table ; il se mit, en ma présence, à pleurer à chaudes larmes, en disant : "Je ne puis en douter, un messager du Ciel nous a rendu visite". Il ne paraît pas que le témoin ait constaté de ses yeux la transformation du pauvre ; mais il vit, et pendant un temps assez long, le pauvre lui-même.

Aux portes de Florence, à Varlungo, se trouve un monastère de religieuses Vallombrosiennes, dans lequel on vénère le corps de sainte Humilité, leur fondatrice. Elle était mariée ; avec le consentement de son mari, elle entra dans un monastère auprès de Faenza. Là, elle édifia les sœurs ; mais l'Esprit de Dieu la sollicitait à embrasser une vie plus solitaire et plus rigide. Elle ne savait comment sortir de la clôture où elle était étroitement gardée quand, une nuit, elle entendit une voix qui lui disait : "Humilité, lève-toi et suis-moi". Elle se leva : une main invisible la conduisait, lui fit franchir un mur très élevé, ouvrit devant elle la porte extérieure du couvent, la soutint marchant sur les eaux d'un petit fleuve. Elle était libre grâce à l'assistance physique d'un ange. Plusieurs fois durant la vie, elle éprouva cette même assistance, par des secours inespérés qu'aucune main humaine n'eût pu lui procurer d'une manière aussi prompte.

Gracieuse et touchante est l'anecdote du bienheureux

Pilingotti, tertiaire franciscain. "Au moment où son âme très pure allait quitter son corps, un très bel oiseau inconnu, éclatant de blancheur, se mit à voleter autour de son visage. Une des personnes qui étaient là s'efforça de le chasser, mais inutilement, et on demeura convaincu que, sous la forme de cet oiseau, l'ange gardien du bienheureux mourant attendait son âme pour la conduire au Ciel".

Le bienheureux Raymond de Capoue, le célèbre confesseur de sainte Catherine de Sienne, maître général des frères-prêcheurs, atteste, dans la vie qu'il écrivit de sainte Agnès de Mont-Politien d'après les relations les plus authentiques, que cette sainte reçut la communion de la main d'un ange durant dix dimanches de suite.

Tous ceux qui sont tant soit peu versés dans la vie des saints connaissent sainte Christine de Stumbel, dite "l'admirable". Autant de fois elle est harcelée, battue, mise à mal par les démons, autant de fois elle est secourue, consolée, guérie par les anges. Elle jouit souvent de leur vue et entend leurs exhortations suaves et efficaces ; parfois elle est soulagée physiquement par eux, mais sans les voir.

Les Bollandistes se contentent de mentionner dans leur étude la bienheureuse Oringa, vierge en Toscane. Ils n'ont rien à objecter contre sa vie, qu'a écrite le grand hagiographe des saints toscans, Silvano Razzi, sinon qu'elle n'est pas contemporaine. Elle contient plusieurs manifestations de protection angélique ; sous cette réserve, il est permis de les citer. Un jour qu'elle se dirigeait vers l'hôpital d'Altopasso à la tombée de la nuit, un démon déguisé en cavalier qui montait un cheval indompté lui barra le chemin ; mais deux anges lui apparaissant, dissipèrent l'horrible fantôme. Elle se rend en pélerinage au Mont-Gargan avec quelques pieuses compagnes ; des hommes pervers se préparent à ravir aux voyageuses leurs habits et leur honneur et les guettent, la nuit, au passage d'une forêt ; l'archange saint Michel lui-même, costumé en diacre, se montre à Oringa et l'avertit du danger. Bien plus, il se fait le guide des pélerines, les conduit à une fontaine et leur offre des mets exquis pour leur réfection (Act. SS. Jan. Tom. I, p. 651).

Avec les savants hagiographes, je transcris le récit suivant, extrait de la vie du bienheureux franciscain Jean de Fermo. Il eut pendant trois mois, pour précepteur et maître, un ange du Seigneur qui lui communiqua l'intelligence des saintes Ecritures. Mais là ne se bornèrent pas ses rapports avec les anges, dont voici un épisode. Un jour qu'il venait de célébrer sur l'Alvernia la fête de saint Michel, au moment où tout enivré de pieuses méditations il sortait de l'église, un joueur de guitare parut auprès de lui et tira de son instrument une si douce mélodie que le bienheureux, sans une assistance divine, en eût perdu l'usage de ses sens. Poussant un grand cri, bondissant d'allégresse dans le Seigneur, il se mit à courir vers sa cellule en remontant la montagne ; qu'il courût, qu'il marchât ou s'arrêtât, le joueur de guitare ne quittait pas son côté. Quand frère Jean arriva à sa cellule, il se prosterna éperdu d'amour devant son crucifix ; alors le musicien se mit à accélérer son rythme avec une prestesse de main prodigieuse, comme font les exécutants qui terminent un morceau, et il disparut. Le bienheureux passa toute la nuit suivante en prière, en rendant grâce à Dieu et à ses anges de la consolation qu'il avait reçue.

La fin du quatorzième siècle est embellie par la glorieuse sainte Catherine de Sienne. Il lui arrivait souvent de voir, pendant l'acte du saint Sacrifice, des anges qui tenaient un voile d'or et des cierges allumés. Quand elle mourut, un ange, sous la forme d'un bel enfant de huit à dix ans, apparut à une pieuse dame et lui montra l'âme de la séraphique vierge qui, couronnée d'un triple diadème, était présentée à Notre-Seigneur et à sa sainte Mère (Act. SS. Apr. Tom. III, p. 944-955).

Les anges et les saints du quinzième siècle

Le quinzième siècle si troublé, si agité, nous offre une abondance extraordinaire de manifestations angéliques. Pour sainte Lidwine, pour sainte Colette, pour la bienheureuse Véronique de Binasco, pour sainte Françoise Romaine surtout, ces manifestations ne sont pas intermittentes, mais continuelles ; elles forment vraiment la trame de leur merveilleuse existence. Est-il permis de risquer cette conjecture ? En un temps où les vrais prêtres, les prêtres instruits des voies de Dieu, sont rares, les anges semblent se multiplier pour les suppléer auprès des âmes appelées à des hauteurs extraordinaires de sainteté.

Les saints, d'ailleurs, ne furent pas étrangers à ces faveurs angéliques. La tradition de l'ordre des Minimes est que saint Michel lui-même communiqua à saint François de Paule la règle et lui remit l'écusson de son ordre. Dans son procès de canonisation, il est raconté qu'un certain personnage, étant irrité contre lui, vint le trouver dans sa cellule pour lui faire des reproches ; mais, en montant les marches qui y conduisaient, son oreille fut frappée et ravie de chants et de mélodies très suaves ; toute sa colère tomba et il sollicita humblement l'amitié du saint. Le grand prédicateur saint Vincent Ferrier était assisté par les anges, tandis qu'il lançait aux foules ses paroles de flamme ; il fut donné à beaucoup de personnes, atteste son historien, de les voir descendre du ciel et planer au-dessus de lui sous l'humble apparence humaine. Denis le Chartreux voyait les religieux de son ordre escortés par des anges à leur retour du chœur. Les esprits angéliques firent entendre de merveilleux concerts à la mort de saint Laurent Justinien, patriarche de Venise.

Mais je reviens aux diverses saintes que j'ai citées plus haut et qui nous offrent une si riche moisson de faits angéliques.

Sainte Lidwine, par les mystérieuses et incessantes douleurs qu'elle endura toute sa vie, fut une victime clouée à la croix pour les péchés de son siècle. La nature a besoin d'être soutenue en un si âpre et si long martyre. Le secours vint à Lidwine, au moins pour la partie sensible de l'âme, des esprits célestes. Elle vivait familièrement avec son ange gardien ; il répandait parfois une clarté à éclipser mille soleils ; d'autres fois, cette clarté était moins éblouissante, mais il portait toujours une croix sur le front pour ne pas être confondu avec un démon se transfigurant en ange de lumière (1). La sainte ne le perdait de vue que s'il lui arrivait de recevoir la visite de personnes peu chastes et honnêtes, ou si elle-même commettait de ces fautes que seul l'œil de Dieu ou

(1) Elle obtint un jour qu'une de ses confidentes pût jouir de la vue de son ange.

des anges peut surprendre ; mais alors, elle se confessait à son ange et reprenait sa familiarité avec lui. Il la faisait sortir d'elle-même et voyager en divers lieux et notamment en Terre-Sainte. Durant ce temps, son corps restait inanimé et comme mort dans son lit ; et, toutefois, il souffrait de ces rapts mystérieux, il était tout brisé de fatigue, et même il arriva qu'il fut contusionné et blessé comme s'il eût réellement fait tous ces voyages. L'ange disait à Lidwine qu'elle était ravie en corps comme en âme. Ces très curieux phénomènes, dûment attestés, se recommandent à l'attention des écrivains mystiques et physiologistes.

La bienheureuse Véronique de Binasco, vierge milanaise de l'ordre de Saint-Augustin, jouit, sinon toujours, du moins presque journellement de la vue d'un ange. Il lui apparaît pour l'empêcher de se cacher dans un désert, en lui assurant que ce n'est pas la volonté de Dieu ; depuis lors, elle est en rapport assidu avec lui. Il lui apprend à dire son office suivant le rite romain, car elle était de Milan où l'on suit le rite ambrosien ; il lui marque les feuillets avec des cordelettes en guise de signets, et maintes fois récite l'office avec elle. Il la nourrit durant ses jeûnes, en lui donnant un petit pain tout blanc qui sous son mince volume la sustente merveilleusement ; comme elle priait pour la guérison d'une amie malade, l'esprit céleste lui apporte un double pain ; elle en donne un à son amie qui en mange et y trouve la santé. Une fois l'ange infligea à la bienheureuse une réprimande pour un mouvement de curiosité auquel elle s'était laissé aller pendant la messe ; elle en fut si terrifiée qu'elle pensa mourir et que, durant trois jours, elle ne fit que pleurer. Elle décrit ainsi cet ange : "Il était si brillant de lumière qu'il me servait de flambeau durant la nuit, et que je pouvais le fixer et me rassasier de ses traits à loisir. Il avait au front une petite corne, une étole pendait à son cou, à ses épaules étaient attachées des ailes comme les peintres ont coutume d'en donner aux esprits angéliques". Un jour, il apporta la communion à la servante du Seigneur.

L'illustre sainte Colette n'eut peut-être pas des relations aussi continuelles avec un ange spécialement désigné. Il n'est pas douteux que les esprits célestes lui soient venus très souvent en aide. Non seulement ils la protégeaient elle-même, mais elle les voyait qui couvraient de leur présence tutélaire les personnes qui lui étaient chères et ils présentaient à Dieu les prières qu'elle lui adressait pour ces personnes amies. Durant ses maladies, les anges relayaient les sœurs dans les services que réclamait son état, ils la servaient avec respect comme étant l'épouse de leur Roi. Au moment de sa mort, dans tous les couvents de son ordre où florissait l'exacte pauvreté, des concerts angéliques avertirent les sœurs du départ pour le ciel de leur sainte Mère et l'on entendit une voix annonçant formellement qu'elle était montée vers le céleste Epoux. Une personne de haute vertu vit une nuée d'anges emporter son âme au Paradis.

Mentionnons en passant sainte Catherine de Bologne

qui, assistant à la messe, entend les anges qui chantent le Sanctus et qui aurait trépassé de joie si le chant eût été prolongé tant soit peu ; et la bienheureuse Marie de Maillé, recevant parmi ses pauvres un inconnu mystérieux qui ne pouvait être qu'un ange. Les Bollandistes relatent ces deux événements.

Avec eux, je réserve pour la fin sainte Françoise Romaine. Sa caractéristique est la présence continuelle d'un ange à ses côtés. Elle est représentée ainsi dans sa grande statue monumentale qui figure à Saint-Pierre de Rome. Dans l'oraison de sa fête, l'Eglise remercie Dieu de ce que, parmi d'autres dons de sa grâce, il l'a gratifiée d'un commerce familier avec un ange et demande, par ses mérites et son intercession, que ses enfants entrent un jour dans la société des anges. Il est impossible de trouver une plus formelle déclaration que l'Eglise a cru et croit à l'intervention visible d'un ange dans la vie de sainte Françoise Romaine. Et, pourtant, cet ange est resté invisible à tous autres yeux qu'aux siens. Mais sainte Françoise a déclaré d'une manière si affirmative à son confesseur qu'un ange était sans cesse à ses côtés, elle a détaillé d'une manière si précise les services qu'il lui rendait que l'Eglise, jugeant la sainte saine d'esprit et grandement éclairée de Dieu, s'est rendue à son témoignage et a refusé de croire à une hallucination dont elle aurait été obsédée. Une hallucination n'éclaire pas, ne console pas, ne fortifie pas ; or, l'ange familier communiquait à sainte Françoise de pénétrantes lumières, l'inondait de consolations divines, lui infusait de surnaturelles énergies.

Mais entrons dans le détail de l'assistance des anges vis-à-vis de cette sainte. Car, outre son ange gardien, elle en eut trois successivement qui remplirent vis-à-vis d'elle différents offices. Ils correspondent à ces trois phases de la vie spirituelle qu'on nomme, dans le langage mystique, la phase purgative, la phase illuminative et la phase unitive. Ce ne sont pas des dénominations arbitraires ; elles marquent trois états d'âme nettement caractérisés. Pour parvenir à l'union divine, l'âme a besoin premièrement d'être purifiée, secondement d'être éclairée ; elle ne s'élève au troisième degré qu'après avoir franchi heureusement les deux premiers.

Sainte Françoise eut donc tout d'abord un ange correcteur. Il resta invisible, mais il marquait sa présence par des coups et soufflets qu'il infligeait à Françoise, qu'elle fût seule ou qu'elle se trouvât en société. Et s'il corrigeait ainsi l'innocente brebis de Dieu, c'était pour des fautes bien légères : parce qu'elle n'osait pas révéler à son confesseur les secrètes faveurs dont Dieu la comblait, ou parce qu'elle craignait de s'opposer à une conversation tenue en sa présence où la vanité avait trop de part. Qu'on n'aille pas d'ailleurs s'imaginer une pluie de soufflets tombant sur Françoise ; ces corrections furent relativement rares mais l'ange, qu'on me pardonne l'expression, n'y allait pas de main morte.

Après l'ange correcteur, vint l'ange illuminateur. Celui-là était continuellement visible. Françoise le reçut de Dieu en des circonstances bien touchantes : elle avait perdu un innocent enfant nommé Evangéliste ; une nuit, ce bienheureux enfant lui apparut et lui présenta un ange, lequel devait désormais se tenir à ses côtés. C'était un ange du second chœur céleste, à savoir un archange ; il représentait par sa taille un enfant de neuf ans, l'âge d'Evangéliste dont il tenait la place près de sa mère ; il portait la tunicelle des sous-diacres ; il était si rayonnant que ses traits étaient à peine visibles, toutefois Françoise était admise à les contempler quand elle parlait de lui à son père spirituel ou bien quand elle était aux prises avec les démons. Le saint archange la soutenait alors en lui découvrant son visage et, si l'assaut devenait plus furieux, il secouait sa blonde chevelure, et les étincelles qui en jaillissaient chassaient les esprits infernaux. Si la sainte avait commis quelque imperceptible faute, il éveillait sa conscience en disparaissant quelques instants ; il ne la frappa jamais, comment l'eût-il frappée puisqu'il lui tenait lieu de son enfant ? Françoise, parfois, indiquait à ses intimes amies la présence de son compagnon céleste, en faisant mine de lui poser sa main sur la tête.

À cet ange succéda l'ange de la période punitive. Il prit place aux côtés de Françoise alors que, après la mort de son mari, elle entra, pour y consommer sa vie sainte, au monastère de la Tour des Miroirs qu'elle avait fondé. Il était du quatrième chœur, le premier de la seconde hiérarchie céleste, qu'on nomme le chœur des Puissances ; il jetait un rayonnement plus intense que le premier et son vêtement était la dalmatique des diacres ; il chassait les démons, non plus en secouant sa chevelure, mais par la seule fixité de son regard.

Ce nouveau compagnon céleste tenait dans sa main gauche trois petits rameaux d'or, pareils à ceux du palmier ; et, de la main droite, il tirait des feuilles de ces rameaux une sorte de soie qu'il enroulait autour de son cou et dont il faisait des pelotes ; et jamais il n'interrompait cette occupation.

Trois ans après sa venue, le 15 août 1439, sept mois environ avant la mort de la sainte, il commença un autre genre de travail. "Comme l'artiste qui prélude, dit un récent historien de la sainte, tend ses cordes sur sa cithare, l'ange dont la splendeur était éblouissante parut tendre et fixer sur un métier les fils d'or tirés des trois palmes. Puis, d'une voix infiniment douce et suave, il dit à la sainte. "Voici que je vais tisser trois sortes de toiles : l'une de cent filets dans sa trame, l'autre de soixante, la troisième de trente". Par laquelle parabole, l'ange faisait allusion aux fruits et diverses perfections des trois états de la sainte : virginité, mariage, viduité. Quant au nombre de filets, cent quatre-vingt-dix, il correspondait exactement au nombre de jours que la bienheureuse devait encore passer sur la terre. C'était en quelque sorte la vie de Françoise que l'ange tissait sous ses yeux et, chaque jour, la navette d'or courait plus légère entre les fils dorés (1)".

Quand la sainte fut sur le point de mourir, il se tenait au chevet de son lit et mettait une rapidité extraordinaire à achever sa dernière toile. Elle morte, tout était fini ; et il emporta son âme au Paradis pour la présenter à Dieu avec les mérites de sa vie sainte qu'il avait, avec tant de persévérance, recueillis et ourdis.

Sainte Françoise eut encore la vision d'autres archanges ; ainsi ce fut l'archange Raphaël qui l'accompagna et la réconforta dans sa terrible descente aux abîmes infernaux. On peut donc dire qu'aucune existence ne fut plus traversée que la sienne par l'entrelacement des deux mondes angélique et diabolique. Ce qui se produisit visiblement autour d'elle se reproduit, quoique dans une proportion plus restreinte et d'une manière invisible, dans l'existence de tout chrétien.

(1) "Sainte Françoise Romaine" par Madame la comtesse de Rambuteau, p. 277.

Les anges et les saints du seizième siècle

Le seizième siècle est dominé par la captivante physionomie de sainte Thérèse d'Avila; l'Eglise entière est mystiquement éclairée par la lampe que porte l'illustre vierge, allant au-devant de l'Epoux céleste.

Par l'élévation de son âme, elle domine les phénomènes mystiques dont elle est le sujet, d'une vue perçante elle les pénètre, elle les juge, elle les classe ; et quiconque veut parcourir ce domaine réservé doit se mettre à son école.

A-t-elle vu les anges comme elle a vu physiquement les démons ? L'extrait suivant de sa vie répondra (Act. SS. Tom. VII, p. 171).

"Le Seigneur a voulu que plusieurs fois j'aie vu un ange se tenir auprès de moi à mon côté gauche sous une forme corporelle.

Cela m'est arrivé très peu souvent, bien que par ailleurs les anges maintes fois m'apparaissent, mais je ne les vois pas à la manière de la vision dont je parle.

Le Seigneur a voulu que cet ange se présentât à moi sous l'aspect suivant : il n'était pas grand, mais petit et d'une très rare beauté, son visage était si enflammé et brûlant qu'il paraissait être de ces anges, les premiers et les plus élevés de tous, qui sont tout embrasés de flamme ; ce sont ceux-là sans doute qu'on appelle les Séraphins (1) ; ils ne me disent pas leurs noms, mais je vois dans le ciel entre tel et tel ange, entre ceux-ci et ceux-là, une si grande différence que je ne puis l'exprimer en paroles. Or, je voyais que cet ange tenait à la main un dard en or de forme allongée, ayant à son extrémité une petite flamme et, de ce dard, il perçait mon cœur jusqu'à ses fibres intimes et paraissait quand il le retirait emporter au bout quelques parcelles de chair : ce qu'ayant fait, il me laissa toute palpitante et brûlante d'un immense amour de Dieu. La douleur était si vive qu'elle me forçait à m'exhaler en gémissements et en exclamations ; mais la suavité qui accompagnait cette douleur était si excessive, que je n'eusse pas voulu en être soulagée, ne souhaitant en mon âme d'autre volupté et délectation que Dieu lui-même. La souffrance dont je parle est spirituelle, non corporelle, quoique le corps n'y soit pas étranger mais au contraire la sent on ne peut plus vivement".

Tel est le célèbre récit de la transverbération du cœur de sainte Thérèse par un séraphin, qu'a reproduit à Sainte-Marie de la Victoire le ciseau de Bernini. La sainte dit qu'elle a vu l'ange sous une forme corporelle, à son côté gauche : il semble qu'il s'agisse bien d'une vision physique. Elle conclut en déclarant que la douleur qu'elle ressentit fut spirituelle, non corporelle, quoique le corps

(1) Dans son autobiographie, sainte Thérèse utilise le mot "Chérubin". Les Actes des saints ont traduit par "Séraphin" qui désigne effectivement les esprits célestes les plus élevés dans la hiérarchie.

y ait eu sa part et même d'une manière très aiguë. Ces dernières paroles sembleraient jeter un doute sur la réalité de la transverbération et, par suite, de l'apparition ; mais ce doute a été résolu par l'inspection du cœur de la séraphique vierge faite après sa mort. On le trouva réellement percé et déchiré au sommet par une plaie tracée horizontalement, très large et très profonde, dont les lèvres portent des traces très perceptibles, maintenant encore, de brûlure. Le cœur étant conservé à Avila dans un reliquaire de cristal, des milliers de pèlerins ont constaté et constatent encore la mystérieuse déchirure (1). L'Eglise, en autorisant une fête dite "de la transverbération du cœur de sainte Thérèse", en a implicitement ratifié la réalité.

La transverbération étant reconnue comme réelle, l'apparition doit l'être aussi, et même d'une réalité extérieure et physique. Les Bollandistes objectent à cette conclusion un passage du "Château de l'âme" (sixième demeure, ch. IX), où la sainte traite des visions imaginaires et corporelles et se récuse d'en avoir eu de cette dernière sorte. Mais il faut remarquer qu'en cet endroit, bien qu'elle semble généraliser, elle parle déterminément de l'humanité sacrée de Notre-Seigneur. Malgré le passage allégué, et l'autorité de l'hagiographe qui le commente, je persiste à penser que le séraphin est apparu physiquement, puis-

(1) Voir un opuscule très curieux, "Les merveilles du cœur de sainte Thérèse", traduit de l'italien par l'abbé Marie-Joseph, prêtre, tertiaire du Carmel (H. Oudin, 1882).

qu'il a percé physiquement le cœur de sainte Thérèse et que, d'ailleurs, elle dit l'avoir vu à son côté gauche sous une forme corporelle.

Au commencement du siècle où fleurit sainte Thérèse, vécurent plusieurs saintes religieuses qui eurent de touchants rapports avec les anges. Les Bollandistes citent les bienheureuses Osanna de Mantoue et Colombe de Rièti, tertiaires dominicaines. La première, à l'âge de six ans, voit un ange qui l'exhorte à garder son cœur pour Dieu et pour le ciel. Plus tard, un ange l'aide à porter la charge d'eau écrasante pour ses faibles épaules que, par esprit de mortification, elle va puiser au fleuve. La seconde est annoncée à sa naissance par des chants angéliques ; un matin, c'était la fête de saint Jean-Baptiste, elle désirait communier, un ange la fait entrer dans l'église et l'en fait sortir, les portes closes.

La vie de Jean de Dieu, si remarquable par les infestations diaboliques dont elle est sillonnée, l'est peut-être encore plus par les secours angéliques dont elle est fortifiée. Citons quelques-uns de ces traits d'une saveur vraiment exquise. Un matin, le saint dut aller puiser de l'eau fort loin pour le service de son hôpital : quelle n'est pas sa surprise, au retour, de trouver les chambres balayées, les lits faits, les ustensiles de ménage nettoyés ! Il questionna les malades qui tous, d'une seule voix, lui répondirent que c'était lui-même, et personne d'autre, qui avait à son habitude fait le ménage matinal. Alors le saint, comprenant le mystère, dit à ses chers malades : "Le Bon

Dieu, mes frères, aime bien les pauvres, puisqu'il envoie ses anges pour les servir". Il reconnut par là qu'un ange avait pris ses traits et fait son ouvrage : ce qui prouve que, parfois, les esprits angéliques sont les auteurs des bilocations que l'on rencontre dans la vie des saints. L'historien de saint Jean de Dieu estime que l'ange dont il est ici question, n'était autre que l'ange des guérisons mystérieuses, l'archange Raphaël.

En une autre circonstance, Jean de Dieu avait chargé sur ses épaules un pauvre qui n'avait pas la force de se traîner jusqu'à l'hôpital ; il portait, de plus, un sac plein d'aumônes ; il marcha pendant quelque temps avec entrain, mais, à un moment donné, rompu de fatigue, il tomba en pleine rue sous son double fardeau. À ce même moment, un habitant de la ville, s'approchant de la fenêtre (c'était pendant une nuit froide et pluvieuse), entendit le bon saint qui s'accablait lui-même de reproches. Puis tout à coup, ô prodige ! il aperçut un homme d'une grande beauté, qui s'offrit à remettre le pauvre sur les épaules de Jean de Dieu et qui, prenant la main de celui-ci comme pour lui servir de guide, lui dit : "Frère Jean, Dieu m'a envoyé près de toi pour te venir en aide. C'est moi qui suis chargé de noter soigneusement sur un registre tout ce que tu fais pour l'amour de Dieu en faveur des pauvres". "Si je fais quelque chose de bien, reprit humblement le saint, c'est Dieu qui me donne de le faire. Mais vous, mon frère, qui donc êtes-vous" ? "Je suis, reprit l'inconnu, l'archange Raphaël que le Seigneur a spécialement député à ta garde et à celle de tes compagnons".

Quelques jours après, le saint faisait une distribution de secours aux indigents ; le pain vint à manquer. Aussitôt parut, à la vue de beaucoup de ceux qui étaient présents, l'archange Raphaël, vêtu d'un costume semblable à celui de Jean de Dieu et porteur d'une corbeille pleine de pains. Le saint le reconnut pour être celui qui l'avait relevé de sa chute nocturne ; l'archange lui dit amicalement : "Frère Jean, nous sommes du même ordre, reçois ces pains que Dieu t'envoie pour tes pauvres". Et il disparut, laissant le bon saint tout consolé. L'historien de sa vie conclut : "C'est ainsi qu'un sayon grossier couvre parfois les hommes qui sont les égaux des anges".

D'autres fois, Jean de Dieu se trouva éclairé la nuit par une lumière miraculeuse ; deux flambeaux, que le vent soufflant en tempête ne put éteindre, marchèrent devant lui à la descente d'une montagne où les ténèbres l'avaient surpris, ramassant du bois pour les pauvres. À sa précieuse mort, l'archange Raphaël se tenait près de son lit, avec saint Jean l'Evangéliste et la sainte Vierge elle-même. Sans doute aussi que d'autres anges ou saints étaient là. Car les domestiques entendirent un bruit de pas nombreux, dans son humble cellule, comme de gens qui en sortaient. Ils y pénétrèrent, le saint était mort, mais une odeur paradisiaque remplissait le réduit de l'ami, de l'ange des malades et des pauvres.

La vie de saint Philippe de Néri n'offre guère moins de

doux et touchants phénomènes angéliques ; mais je me vois contraint d'en abréger le récit. Une nuit qu'il portait une discrète aumône à un pauvre honteux, il tomba, sans doute par un coup du diable, dans une fosse profonde ; mais, à l'instant même, il se sentit saisi aux cheveux et ramené sur le bord par une main invisible. Lui-même aimait à rapporter ce fait à la gloire de Dieu et des bons anges. Un jour, un pauvre lui demanda l'aumône, le saint lui vide sa bourse dans la main : "Je voulais voir ce que tu ferais", lui dit l'inconnu, et il s'évanouit à ses yeux. En une autre circonstance, le saint qui était malade, demande un peu d'eau citronnée à son infirmier, celui-ci cherche vainement du sucre pour en tempérer l'acidité ; un jeune homme se présente et lui remet un pain tout blanc ; la potion est préparée ; le saint la boit et peu après il est guéri. Philippe, homme angélique, entend souvent chanter les anges ; il les voit qui assistent sainte Camille de Lellis et son compagnon au chevet des malades, et leur suggèrent les exhortations à faire aux mourants pour les préparer au dernier passage.

Cueillons encore quelques traits en ce seizième siècle si riche en faits de sainteté. Sainte Marie Madeleine de Pazzi contemple les anges qui emmènent une âme au ciel ; elle les voit qui défendent les religieuses attaquées par les démons. Les angéliques saints de la Compagnie de Jésus, Louis de Gonzague et Stanislas Kostka, sont en rapport avec les esprits célestes. Le premier étant à Madrid, est appelé à la Compagnie de Jésus par une voix mystérieuse. Tandis qu'il se trouvait au noviciat, une pénurie d'argent s'y fit sentir ; un inconnu se présenta, remit au directeur la somme requise aux besoins de la communauté et s'évanouit. On tint pour certain que c'était un ange ; quand une maison a des novices comme saint Louis, le fait n'a rien qui puisse surprendre. Quant à saint Stanislas, il est constant qu'à deux reprises, il reçut la communion de la main des anges : la première fois à Vienne, en Autriche, quand, tombé malade dans la maison d'un hérétique et se croyant près de mourir, il se voyait refuser l'accès d'un prêtre ; la seconde fois, quand il gagnait Rome à pied pour entrer dans la Compagnie de Jésus. Les leçons de son office mentionnent expressément cette double merveille et l'oraison dite secrète de sa messe y fait clairement allusion.

Les anges et les saints du dix-septième siècle

Au début du dix-septième siècle, s'épanouit à Lima la vierge péruvienne sainte Rose, du tiers-ordre de saint Dominique, que l'Eglise appelle la première fleur de sainteté de l'Amérique méridionale. Ses rapports avec les anges furent mis en telle lumière par son procès de canonisation, que Clément X s'exprime ainsi à son sujet dans la Bulle par laquelle il la fait monter sur les autels.

"Dieu envoya son ange, qui marchait devant Rose, qui la gardait visiblement, pour l'introduire au lieu qu'il lui avait préparé. Elle avait avec lui une familiarité si confiante que, non seulement c'était pour elle un ami très cher, mais encore un messager et un intermédiaire, chaque fois que l'Epoux céleste tardait à se montrer. Une nuit qu'elle se sentait défaillir, elle l'envoya chez la dame Maria d'Uzatégui, avec la commission de lui dire qu'elle avait besoin de tel remède ; la pieuse dame, avertie par l'ange, se hâta de le lui envoyer par un serviteur ; la mère de Rose fut témoin du prodige, dont sa fille lui donna l'explication par obéissance. Une autre fois, l'ange familier la ramena, de la cellule de son jardin à la demeure maternelle, saine et sauve, en ouvrant les portes devant elle. D'autres anges encore reçurent l'ordre de Dieu de veiller sur cette vierge : grâce à ses prières, ils protégèrent un certain religieux dans un voyage plein de dangers, puis ils parurent l'abandonner parce que lui-même n'était plus en de bonnes dispositions ; comme à son retour il se plaignait à Rose de cet abandon, elle lui en dit le motif et entra en des détails si intimes qu'évidemment, à une telle distance, elle n'avait pu en être informée que par un ange ou par le Seigneur lui-même".

Il faut que les faits allégués aient été bien patents et bien prouvés pour prendre ainsi place dans une Bulle de canonisation. Je regrette de ne pouvoir les donner tout au long sous leur forme naïve. Il n'est pas dit que Rose voit son ange, quand elle le prie d'aller trouver Maria d'Uzatégui ; mais il est nécessaire d'admettre qu'il s'est fait voir ou tout du moins entendre à cette pieuse amie, peut-être coutumière de semblables messages. Quand l'esprit céleste vient la chercher dans la cellule du jardin, elle le voit se glisser pareil à une ombre blanche et agile, qui la précède puis, arrivée à la maison de Rose, s'évanouit à ses yeux.

La vie de saint François Solano, l'apôtre du Pérou, contient un trait touchant de l'assistance des anges. Son ministère l'avait appelé au chevet d'une pieuse femme qui allait mourir : tout à coup, il vit son visage prendre une expression rayonnante, il lui demanda ce qui venait de lui arriver. Elle répondit qu'elle venait de jouir de l'aspect consolant de son ange gardien, qu'il lui avait annoncé de la part de Dieu que ses péchés lui étaient pardonnés, que sous peu elle mourrait et serait transportée par lui au séjour de la béatitude. À peine avait-elle fini de parler, qu'elle rendit suavement le dernier soupir.

L'extatique saint Joseph de Copertino vivait dans la société des anges. Ils se montraient souvent à ses regards ; il attesta un jour qu'il les voyait monter et descendre au-dessus de la sainte maison de Lorette et, à cette vue, il fut enlevé par un de ces rapts extatiques dont il était coutumier. Au moment où il entrait à Assise, une insigne servante de Dieu le vit escorté de deux anges ; elle sut par révélation que saint Joseph avait reçu pour gardien un ange d'un chœur supérieur. Quoi qu'il en soit, le saint avait pour cet ange une telle vénération et il sentait si vivement sa présence, qu'il n'entrait jamais dans sa cellule sans l'avoir humblement prié d'en franchir le seuil le premier.

Ici s'arrête la revue si intéressante tracée par les Bollandistes. J'ai été heureux de la suivre, sans m'y attacher servilement, l'abrégeant sur plusieurs points, la complétant sur d'autres, et me reportant aux sources pour saisir les faits signalés dans leur cadre respectif. J'espère pouvoir continuer et poursuivre jusqu'à nos jours cette étude sur les bienfaits et assistances angéliques. Ainsi, le dix-septième siècle me fournira encore les faits suivants.

Je cueille l'anecdote charmante que voici dans la vie de saint Pierre Fourier. Il réunit quelques "bonnes filles" pour fonder la Congrégation de Notre-Dame. Elles avaient toutes grande bonne volonté ; mais leur initiation à la vie religieuse offrait certaines difficultés pratiques auxquelles se heurtait la ferveur de leurs désirs. Ainsi elles avaient peine à arriver à une récitation correcte du bréviaire ; les rubriques n'entraient pas aisément dans leurs têtes. "Or, un jour que la dame du Fresnel leur en donnait une leçon dans son jardin, un tout jeune homme d'une beauté radieuse, d'environ quatorze ans, survint comme par hasard ; il s'approcha, se joignit à elles, se mit à leur expliquer le bréviaire, à le réciter avec elles. À mesure que l'enfant parlait, les difficultés s'évanouissaient ; et, depuis ce jour, elles coururent dans ce chemin auparavant si pénible. Dieu, ajoute l'auteur, envoyait bien son ange à la jeune Agar et à son petit Ismaël pour leur procurer, dans le désert, une eau rafraîchissante (1)". Pourquoi n'aurait-il pas envoyé un ange à ses humbles servantes, pour leur remettre en main la clé des prières liturgiques ?

Les petits Bollandistes (2) racontent, comme il suit, les rapports très touchants qu'eut avec les esprits angéliques la vénérable Benoîte de Laus, cette bergère si aimée de la Reine du Ciel et si outrageusement persécutée par les démons. "Quelquefois tandis qu'elle allait la nuit, malgré les ténèbres, le froid et la pluie, s'agenouiller sur le seuil de l'église du village, un ange lui en ouvrait la porte. Un jour d'automne 1664, ses maîtres l'avaient envoyée couper du foin près de l'église de Valserre ; elle entra dans le

(1) "Vie du B. Pierre Fourier" par l'abbé Chapia. Tom. I, p. 141.

(2) Héritiers des Bollandistes, les petits Bollandistes ont, remanié le recueil de leurs aînés et ramené l'ensemble de l'œuvre à dix-sept volumes.

lieu saint avec l'intention de n'y faire qu'une courte prière mais, bientôt, son âme quitta la terre et s'éleva vers les régions célestes. Lorsqu'elle revint de son extase, le soleil avait disparu derrière les montagnes et la nuit arrivait rapidement. Elle sort avec inquiétude de l'église et trouve, avec une joyeuse surprise que, pendant qu'elle faisait l'office des anges, un esprit céleste avait fait le sien, qu'il avait coupé et lié un gros paquet d'herbes dans la corde qu'elle avait laissée à la porte de l'église (1)".

Les démons, je l'ai dit ailleurs, non seulement battaient l'humble vierge, mais ils la prenaient et s'en allaient la jeter rudement dans un coin des montagnes ou sur un lieu élevé. Or, quand le démon l'avait déposée sur quelque roche inaccessible, son ange venait l'en retirer ; il lui frayait le passage à travers les rocs, les glaces, les broussailles chargées de neige ; il la ramenait des lieux inconnus où elle se trouvait perdue et l'aidait à franchir le torrent impétueux qui lui barrait le passage ; il devenait lumineux pour éclairer son chemin. Plus de vingt fois, lorsqu'elle fut laissée par le démon sur le toit de la chapelle de Notre-Dame de l'Erable, un ange lui prêta secours pour en descendre. Souvent, pour réconforter l'humble vierge dans les luttes épouvantables qu'elle eut à soutenir contre les esprits infernaux, les anges l'entouraient sous la forme de petits oiseaux, formaient une couronne au-dessus de sa tête et chantaient suavement. Un jour, elle fut communiée par un ange, tandis qu'un autre

(1) Petits Bollandistes. Tom. II, p. 226-227.

ange assistait à la cérémonie".

La vie de la vénérable Agnès de Langeac n'est pas moins riche en apparitions d'esprits célestes. Elle est continuellement en rapport sensible avec son ange gardien. Il faudrait un chapitre pour retracer toutes les visions d'anges qui furent présentées à ses regards durant ses méditations et oraisons : elle reçut plusieurs fois la communion de leur main. Dans la très célèbre apparition par laquelle elle se transporta près de M. Olier au séminaire saint Sulpice, et qui est un phénomène de bilocation dûment constaté, elle était accompagnée d'un ange. M. Olier a laissé lui-même le récit de cette apparition qui s'offrit par deux fois à ses yeux. "Je crus sur l'heure, dit-il, que c'était la sainte Vierge à cause de la sainte gravité et de la douce majesté avec lesquelles elle m'apparut, et à cause de l'ange qui lui rendait les mêmes services qu'un serviteur rend à une dame". Le saint prêtre référa de cette vision à saint Vincent de Paul, son directeur, qui réserva son jugement. Elle fut examinée avec grand soin dans les procédures de béatification de mère Agnès ; et le sous-promoteur de la foi, qui était alors Prosper Lambertini, plus tard Benoît XIV, conclut, après avoir répondu à toutes les difficultés, que la vérité de l'apparition est indubitable (1).

(1) Voir M. l'abbé Ribet dans sa mystique divine : "Visions des anges".

Les anges et les saints du dix-huitième siècle

L'un des plus grands saints du dix-huitième siècle, saint Paul de la Croix, fut très dévôt aux saint anges ; il en reçut sensiblement de nombreuses assistances. Tandis qu'il prêchait, on entendait une voix céleste qui lui suggérait ce qu'il devait dire. Un jour qu'il cheminait, épuisé de fatigue, côte à côte avec son frère qui fut longtemps son unique compagnon, à bout de forces, il se recommanda aux saints anges et, en un clin d'œil il se trouva transporté au terme de son voyage. Alors il pensa à son frère qui était resté sur le chemin et celui-ci, par un second prodige, fut aussitôt réuni à lui.

Le célèbre disciple de saint Alphonse de Liguori, le bienheureux Gérard Majella, connut les divines familiarités que prennent avec les anges les âmes d'une limpide innocence. "Etant déjà rédemptoriste, il se rend avec quelques jeunes étudiants de son ordre, en pèlerinage au sanctuaire du mont Gargan. Le voyage est une succession de prodiges. Gérard, qui était le conducteur de la pieuse caravane, vide sa bourse entre les mains des pauvres. On arrive au sanctuaire : il y monte et tombe en extase. Il était près de midi, les jeunes gens avaient faim, et Gérard toujours en extase n'y prenait pas garde. Tout à coup se montre un beau jeune homme resplendissant d'une lumière céleste, lequel s'approche du bienheureux, dépose dans ses mains quelques pièces de monnaie roulées dans un papier, puis disparaît comme un éclair. Les compagnons de Gérard s'étaient prosternés la face contre terre à la vue du messager céleste et ne pensaient plus à dîner". Cette anecdote est tirée du procès de béatification du bienheureux Gérard (1).

Le royaume de Naples au dix-huitième siècle fut puissamment édifié par la haute sainteté d'une humble tertiaire franciscaine, sainte Marie Françoise des Cinq-Plaies. Elle naquit le 25 mars 1715 et mourut le 6 octobre 1791. Elle eut pour directeur le bienheureux François-Xavier-Marie Bianchi, de la Congrégation des clercs réguliers de Saint-Paul dits Barnabites. Elle l'avait en très haute vénération et disait de lui en se jouant : "Nous avons un saint "Néri", nous aurons un saint "Bianchi" : après le saint "noir", le saint "blanc".

Les rapports entre ces deux âmes furent tout surnaturels : avant d'en détailler quelques surprenantes particularités, je donne sur sainte Marie Françoise l'extrait suivant des petits Bollandistes. "Marie Françoise avait une tendre dévotion pour les saints anges. Aussi fut-elle, durant tout le cours de sa vie, favorisée de l'assistance visible de son ange gardien : c'est lui qui l'instruisit de la doctrine chrétienne, lui qui la protégea dans tous les périls spirituels et temporels. Parce qu'elle était habituellement malade, il plut au Seigneur de la confier d'une

(1) Analecta Juris Pont. IVème série, p. 1053.

manière spéciale à l'archange Raphaël. En 1789, il lui apparut avec un éclat de beauté extraordinaire ; cette vue causa une telle surprise à Marie Françoise qu'elle n'avait plus de souffle pour parler ; la voyant dans ce saisissement, l'archange lui annonça qu'il était envoyé vers elle pour guérir sa plaie du côté ; en effet, le lendemain, elle se trouva guérie (c'était une plaie mystérieuse ou profond stigmate). Il l'assista même dans une autre circonstance où une veine de sa poitrine s'était dilatée, ce qui l'empêchait de faire le moindre mouvement. Un jour, le bienheureux Bianchi se trouvait avec elle, lorsqu'il sentit un parfum tout céleste ; il lui en demanda la raison et elle lui apprit que l'archange Raphaël était au milieu d'eux" (Petits Bollandistes. Tom. 12, p. 112).

Voici maintenant ce que le bienheureux Bianchi déposa sous la foi du serment au procès de canonisation de cette sainte âme ; la gravité d'un pareil témoignage n'échappera à personne. "L'amour du Saint-Sacrement était en elle si héroïque et si ardent, son désir de communier si extraordinaire, que Dieu daigna plusieurs fois la consoler par le ministère des anges pendant mes messes et avec les sacrifices que je consommais, jusqu'à la faire participer au précieux Sang qui était dans le calice ; l'archange Raphaël, avant ma communion, emportait le calice de l'autel, et le faisait boire à la servante de Dieu dans sa maison (où la retenait la maladie). Quelquefois elle en buvait très peu, à peine trois gouttes. Une fois qu'elle en but près de la moitié, je reconnus par moi-même l'absence très manifeste et très visible d'une partie du précieux Sang et j'en fus extrêmement surpris. Lorsque je la questionnai sur ce point, elle me répondit : "Mon Père, si ce n'eût été l'archange Raphaël qui m'avertit que le sacrifice devait s'achever, je l'aurais tout bu". D'autre fois, la chose se passait autrement. Elle recevait par ministère angélique la petite portion d'hostie consacrée que je mettais dans le calice selon le rite de notre mère la sainte Eglise. Je ne m'en aperçus que très rarement, ne sentant pas sur ma langue et dans le palais cette portion d'hostie ; j'interrogeais alors la servante de Dieu qui m'assurait que le Seigneur avait daigné la lui donner" (Analecta juris Pont. IIème série, p. 2612). Tout cela est bien admirable ; les choses divines ne sont pas astreintes aux réglementations d'ici-bas. Rien n'est un obstacle pour Dieu, quand il veut s'unir à une de ses créatures désireuse de le posséder. N'oublions pas que c'est un saint, âme extraordinairement éclairée, qui parle d'une sainte et qui raconte ce dont il a été témoin et partie.

Le bienheureux Bianchi eut lui-même à constater par une expérience personnelle le prompt secours des anges, témoin le fait suivant, consigné dans son procès de béatification. Il se produisit au cours d'une visite qu'il entreprit en 1779 avec le général de son ordre. "Les deux voyageurs perdirent leur route dans les ténèbres d'une tempête nocturne et leur voiture roula dans un large fossé. Ils ne savaient comment en sortir, ils risquaient leur vie quand, soudain, parut à leurs yeux, sortant de la forêt voisine, un homme la torche à la main ; il les retira de la fondrière où s'était abîmée leur voiture et ne les quitta pas avant de les avoir reconduits en lieu sûr ; après quoi il disparut. L'enquête juridique raconte les circonstances de cet événement, qu'il est bien permis de croire providentiel et miraculeux et, en ce cas, d'attribuer soit à un ange, soit à une âme du purgatoire, paraissant sous forme humaine" (Eodem loco, p. 2599). Le bienheureux Bianchi, né le 2 décembre 1743, est mort le 31 janvier 1815 ; c'est presque un contemporain.

Les anges et les serviteurs et servantes de Dieu au dix-neuvième siècle

Au moment où le dix-neuvième siècle finit dans un besoin intense de surnaturel qui se manifeste de mille manières, il est un peu prématuré de recueillir les phénomènes d'interventions angéliques dont il aurait été favorisé. Jusqu'ici, à la suite des Bollandistes, je n'ai guère mis en avant que des saints : les documents authentiques de leur vie, les procès de leur béatification ou canonisation présentent une garantie précieuse qui va me manquer. Néanmoins, j'espère offrir à mes lecteurs un assez grand nombre de faits suffisamment prouvés, pour que le siècle finissant n'apparaisse pas déshérité de la touchante assistance des anges rendue visible et tangible. D'ailleurs, la plupart des personnages dont je parle ont été déclarés vénérables et leur cause s'instruit à Rome.

L'admirable Romaine, Anna-Maria Taïgi, eut de fréquents rapports avec les anges. Un de ses pieux historiens, le P. Gabriel Bouffier, nous dit trop brièvement : "Son ange gardien se montrait quelquefois à elle d'une manière sensible et il l'aidait dans les soins du ménage et dans les soucis de sa famille" ("La Vénérable servante de Dieu, Anna-Maria Taïgi" par le P. Gabriel Bouffier, S. J., liv. II, p. 113).

Le saint curé d'Ars a eu certainement des visions où les anges eurent leur part ; son humilité a tout caché, hormis les deux traits suivants. Une nuit, il vit à son grand saisissement, debout à ses côtés, un personnage mystérieux qui lui parlait doucement... Une autre nuit, "je ne dormais pas, dit-il, j'étais assis sur mon lit pleurant mes pauvres péchés ; j'entendis une voix bien douce qui murmurait à mon oreille, "In te Domine speravi, non confundar in aeternum". Cela m'a un peu encouragé, mais comme le trouble durait encore, la même voix reprit plus distinctement, "In te Domine speravi, non confundar in aeternum" ("Vie du curé d'Ars" par l'abbé Monnin). Un chrétien comprendra tout ce qu'il y a de beauté en ce saint homme pleurant ses "pauvres péchés", tout ce qu'il y a d'exquise douceur dans la voix qui le console. De 1800 à 1850 vécut à Saint-Omer une sœur stigmatisée, Bertine Bouquillion. Elle était en relation fréquente avec les saints anges. Elle voyait souvent son ange gardien sous les traits d'un charmant enfant de huit à neuf ans. L'archange Raphaël se montra à elle plusieurs fois ; il lui dit de communiquer certaines choses très intimes aux sœurs de la maison et de les inviter à se corriger de plusieurs défauts. Elle fut admise à contempler le glorieux saint Michel qui, entouré de douze anges, délivre les âmes du purgatoire. Un jour, elle fut communiée de la main d'un ange ("Voix prophétiques" par l'abbé Curicque. Tom. I, liv. IV, ch. III, passim).

On peut recueillir de nombreux phénomènes extranaturels de la vie de la servante de Dieu, Marie-Agnès-Claire Steiner, réformatrice des Clarisses, née le 24 août 1862, dont l'existence admirable a été retracée par le R.P. de Reuss, de l'ordre de Saint-François.

Non seulement les démons la harcelaient personnellement, mais ils s'en prenaient aux saintes filles qui vivaient avec elle ; ils leur apparaissaient sous des formes bestiales avec des hurlements affreux, ils faisaient mine de vouloir les étouffer la nuit. Quant à la vénérable mère, ils la battaient ; mais elle les chassait honteusement et même les battait avec une petite baguette bénite surmontée de la statue de saint Michel. Elle avait beaucoup de dévotion à ce glorieux archange ; elle mérita de le voir, en 1847, au-dessus de Saint-Pierre et du Vatican, qui défendait l'Eglise menacée ; elle priait parfois la sainte Vierge qu'elle daignât envoyer à son aide le capitaine des armées angéliques. Les anges lui rendaient sensiblement bien des services. Tandis qu'elle commença la réforme à Pérouse, chaque nuit, une sonnette qu'agitait une main invisible éveillait les sœurs pour les matines. Dans les années qui précédèrent sa bienheureuse mort, les anges la visitèrent par troupes à plusieurs reprises ; et les sœurs qui étaient avec elle entrevirent quelque chose de ces mystérieuses approches à une splendeur formant comme un baldaquin au-dessus de leur mère, en même temps qu'elles entendaient un bruit de pas et des voix mélodieuses et que la chambre se remplissait d'une odeur paradisiaque. Une sœur a déposé, comme il suit, de la mort de la sainte réformatrice :

"Voyant ses derniers moments approcher, je me transportai au Calvaire pour contempler Jésus mourant ; tandis que j'arrêtais mon regard sur la mère agonisante, je la vis fermer doucement les yeux et la bouche, et je connus qu'elle expirait. Au même moment, je vis le Sauveur entouré de gloire et d'un nombreux cortège d'anges, s'avancer de l'extrémité du lit, et aller à la rencontre de l'âme de la mère qui, sous la forme d'une petite et blanche nuée, fut affectueusement embrassée par Jésus et pressée sur son sein (1)".

On le voit, en ce qui concerne la beauté des morts saintes illuminées d'apparitions célestes, notre siècle n'a pas trop à envier les siècles antérieurs. Voici maintenant un témoignage de familiarité charmante avec les anges, qui nous les rappellera servant d'intermédiaires entre sainte Rose de Lima et son amie la pieuse dame d'Uzatégui. Nous le trouvons dans l'histoire de la vie de la vénérable mère Chappuis, morte en odeur de sainteté au monastère de la Visitation de Troyes en 1875, histoire écrite par les religieuses de ce monastère.

"À l'arrivée de notre mère à Troyes, sœur Thérèse Bourgeat était supérieure dans cette ville d'une maison des Filles de Saint-Vincent de Paul. Elle fut attirée vers notre mère ; leurs âmes se comprirent, se lièrent d'une

(1) "La servante de Dieu, Marie-Agnès-Claire Steiner", tertiaire franciscaine cloîtrée, puis réformatrice des Clarisses, par le R.P. de Reuss, passim, p. 235.

étroite amitié et, d'après le témoignage de la sœur Thérèse, elles étaient en rapports continuels par l'intermédiaire de leurs bons anges. Celui de notre vénérée mère prenait soin de lui envoyer sœur Thérèse quand elle en avait besoin et il s'acquittait si fidèlement de la commission que, bientôt, on la voyait arriver au parloir où elle était attendue ; et notre mère lui disait en souriant le motif de son appel".

Le plus souvent cet appel était transmis par l'ange sous forme d'une impulsion intérieure sur le sens de laquelle sœur Thérèse ne pouvait pas se tromper, et à laquelle elle n'avait garde de résister.

Parfois cette impulsion, cette douce obsession, devenait quasi sensible, témoin le fait suivant d'une naïveté caractéristique.

"Un jour que sœur Thérèse faisait les confitures des pauvres malades, la sœur qui l'aidait dans cette besogne l'entendait dire : "Tout à l'heure, oh ! je vous en prie, laissez-moi donc finir, encore un petit moment". "Mais ma mère, dit la sœur présente, à qui parlez-vous donc ainsi ?" "Au bon ange de la mère Marie de Sales (Chappuis) qui ne me laisse pas de repos que je ne sois allée à la Visitation". Et elle s'y rendit promptement. "Ah ! vous voilà donc enfin" dit notre mère en la voyant venir. Quand sœur Thérèse eut connaissance de l'affaire assez importante dont il s'agissait, "c'est donc pour cela, dit-elle, que votre bon ange me pressait si fort". Nous tenons ces détails, ajoutent les religieuses, de sœur Clémentine, compagne de sœur Thérèse (1)".

Je réserve pour la fin de cette revue contemporaine un fait qui est placé sous la haute garantie de l'Eglise. Le 23 juillet 1894, N. S.-P. le Pape Léon XIII daignait, à la requête du supérieur général des Lazaristes, instituer une fête en l'honneur de la médaille miraculeuse. En même temps, la Sacrée Congrégation des Rites approuvait un office avec des leçons qui relatent les circonstances dans lesquelles la médaille fut proposée à la vénération des fidèles. "La sainte Vierge, y est-il dit, daigna apparaître à une pieuse personne nommée Catherine Labouré, de la communauté des Filles de la Charité ; elle lui donna l'ordre de pourvoir à ce qu'une médaille fût frappée en l'honneur de l'Immaculée Conception". Ainsi l'apparition est authentifiée par Rome et devient l'objet d'un office public. Or, comment eut lieu cette apparition ? Ce fut un ange qui conduisit la jeune sœur aux pieds de la très sainte Vierge. Ecoutons ce récit d'une ravissante simplicité, dicté par la sœur elle-même sur les injonctions de ses supérieurs.

Le 18 juillet 1830, veille de la fête de saint Vincent de Paul, elle s'était couchée comme à l'ordinaire. "Vers onze heures et demie, elle s'entend appeler par son nom de "sœur Labouré", accentué trois fois de suite ; pendant ce

---

(1) Relation, p. 72. Les religieuses elles-mêmes priaient le bon ange de la vénérable mère et celle-ci se rendait à l'indication de son bon ange. En 1844, elle attesta qu'elle avait vu passer sur Paris l'ange exterminateur ; et peu après arrivèrent les troubles de 1848.

temps, s'éveillant tout à fait, elle entrouvre son rideau du côté d'où part la voix ; qu'aperçoit-elle ? Un jeune enfant, d'une beauté ravissante ; il peut avoir de quatre à cinq ans, il est habillé de blanc et, de sa chevelure blonde, aussi bien que de toute sa personne, s'échappent des rayons lumineux qui éclairent tout ce qui l'entoure : "Venez, dit-il d'une voix mélodieuse, venez à la chapelle, la sainte Vierge vous attend". "Mais, pensait en elle-même sœur Catherine (qui couchait dans un grand dortoir), on va m'entendre, je serai découverte...". "Ne craignez pas, reprit l'enfant, répondant à sa pensée, il est onze heures et demie, tout le monde dort, je vous accompagne".

"À ces mots, ne pouvant résister à l'invitation de cet aimable guide qui lui est envoyé, sœur Catherine s'habille à la hâte et suit l'enfant, qui marchait toujours à sa gauche, portant des rayons de clarté partout où il passait ; et partout aussi les lumières étaient allumées, au grand étonnement de la sœur. Sa surprise redoubla en voyant la porte s'ouvrir dès que l'enfant l'eut touchée du bout du doigt, et en trouvant l'intérieur de la chapelle tout illuminé "ce qui, disait-elle, lui rappelait la messe de minuit". L'enfant la conduisit jusqu'à la balustrade de la communion ; elle s'y agenouilla, pendant que son guide céleste entrait dans le sanctuaire où il se tint debout, sur la gauche.

"Les moments d'attente semblaient longs à sœur Catherine ; enfin, vers minuit, l'enfant la prévient en disant :

"Voici la sainte Vierge, la voici !" Au même instant, elle entend distinctement du côté droit de la chapelle un bruit léger, semblable au frôlement d'une robe de soie. Bientôt une dame, d'une grande beauté, vient s'asseoir dans le sanctuaire, à la place occupée ordinairement par le directeur de la communauté, au côté gauche. Le siège, l'attitude, le costume, c'est-à-dire une robe blanche un peu jaune avec un voile bleu, rappelaient la représentation de sainte Anne que l'on voit dans un tableau placé au-dessus. Cependant ce n'était pas le même visage, et sœur Catherine était là, luttant intérieurement contre le doute. Soudain le petit enfant, prenant la voix d'un homme, parla très fortement et fit entendre des paroles sévères, lui demandant si la Reine du Ciel n'était pas maîtresse d'apparaître à une pauvre mortelle sous telle forme qu'il lui plaisait. À ces mots, toute hésitation cesse, et, ne suivant plus que le mouvement de son cœur, la sœur se précipite aux pieds de la sainte Vierge, posant familièrement les mains sur ses genoux, comme elle eût fait avec sa mère".

Suivit un long et familier colloque entre la Reine du Ciel et l'humble sœur. "Je ne saurais dire, expliqua-telle, combien de temps je suis restée auprès de la sainte Vierge ; ce que je sais, c'est qu'après m'avoir parlé longtemps, elle s'en est allée disparaissant comme une ombre qui s'évanouit... M'étant relevée, je retrouvai l'enfant à la place où il était avant l'apparition ; il me dit : "elle est partie" ; et se mettant de nouveau à ma gauche, il me reconduisit de la même manière qu'il m'avait amenée, répandant une clarté céleste... Je crois que cet enfant était mon ange gardien, parce que je l'avais beaucoup prié pour qu'il m'obtînt la faveur de voir la sainte Vierge... Revenue à mon lit, j'entendis sonner deux heures, et je ne me suis pas rendormie ("La Médaille miraculeuse" par M. Aladel, 10ème édition, p. 67-72)".

L'aimable ministère des anges, chargés de nous conduire à Dieu, est tout entier renfermé dans cette touchante et très douce apparition. Ces esprits bienheureux revêtent volontiers une forme enfantine, qui caractérise mieux l'innocence immaculée de leur être et la simplicité toute divine de leur nature ; ils nous rappellent ainsi que, selon la parole du Sauveur, il faut revenir à la ressemblance des enfants, pour entrer dans le royaume des cieux.

La revue de l'"Angélique dans la vie des saints" est terminée ; il me reste à discuter les faits apportés à l'appui de ma thèse et à tirer quelques conclusions.

Discussion des faits et conclusions

Mes lecteurs ont pu remarquer que j'ai choisi les faits angéliques avec une certaine latitude, afin de leur fournir une vue plus compréhensive de l'action des anges vis-à-vis de nous. Il importe maintenant, en discutant ces faits, de les classer autant que possible et de montrer que plusieurs comportent incontestablement une réalité extérieure et physique.

Parmi ces derniers, mettant de côté le vieillard qui engagea un colloque avec saint Justin, je citerai la très grande partie des manifestations angéliques en faveur des martyrs. Les esprits célestes paraissent aux yeux de leurs compagnons de captivité, de leurs gardiens, ou même de leurs bourreaux. Le fils du préfet de Rome est foudroyé par la vue de l'ange qui protège sainte Agnès ; Valérien mérite de voir celui qui garde sainte Cécile ; les mystérieux assistants à la mise au tombeau de sainte Agathe sont aperçus par tous ceux qui rendent les derniers devoirs à sa dépouille virginale.

Plusieurs apparitions aux anachorètes, évêques et moines, peuvent être classées parmi les visions imaginatives ; telles sont par exemple les apparitions d'âmes conduites au ciel par des anges ; telles aussi les belles manifestations d'esprits célestes présentées aux regards de saint Jean Chrysostome ou de saint Bernard, soit pendant l'acte du saint Sacrifice, soit pendant le chant des matines, et mentionnées sur un thème analogue dans la vie de plusieurs autres saints. Il est très possible qu'en ces circonstances, les anges se soient contentés d'imprimer dans l'imagination des serviteurs de Dieu de pures et vives images révélatrices de leur présence ou de leur action, sans revêtir une apparence physique. Sainte Thérèse, qui eut maintes fois des révélations de ce genre, ne paraît pas leur accorder une réalité tombant sous les sens du corps. Et, néanmoins, il convient de leur reconnaître une réalité objective. Les saints ont vu réellement, mais par leurs facultés internes, des anges qui conduisaient réellement des âmes au ciel, qui réellement entouraient le saint autel, et réellement excitaient les moines à chanter les louanges divines. Vision imaginative ne veut pas dire hallucination, c'est-à-dire vision d'un objet qui n'existe pas, mais perception par un acte interne du cerveau d'un objet réel faisant directement une impression sur lui. En fait, bien loin qu'il y ait opposition entre la vison imaginative et la vision corporelle, il y a grande affinité entre l'une et l'autre. Des deux côtés il y a formation d'une image par un agent extérieur et spirituel : seulement au premier cas elle est présentée simplement au cerveau du voyant, dans le second elle l'est à ses sens corporels. Les choses étant telles, il ne me répugne pas d'admettre que plusieurs manifestations angéliques, racontées au cours de mon étude, ont été des visions imaginatives.

Par contre, plusieurs autres se refusent à cette classification et demandent à être rangées parmi les visions incontestablement corporelles : tel est, pour en citer quelques-unes, l'ange délivrant saint Apollon, tels sont les inconnus lui apportant des vivres, tels sont les guerriers mystérieux garnissant les remparts de Constantinople, tel est le guide providentiel assurant la marche des croisés ; telles sont les apparitions dont furent gratifiés saint Dominique, saint François d'Assise, saint Philippe Béniti ; telles sont les visites des esprits célestes sous la forme d'un pauvre ou d'un pélerin, si fréquentes dans la vie des saints.

J'en viens au touchant phénomène de l'assistance continuelle d'un ange visible, faveur accordée à sainte Lidwine, à la bienheureuse Véronique de Binasco, à sainte Françoise Romaine. Faut-il le classer parmi les visions imaginatives ou parmi les visions corporelles ? Je ne puis croire que la seule imagination de ces saintes ait été frappée et ravie par cette vision charmante. Mais, dira-t-on, ces anges n'étaient visibles qu'aux saintes elles-mêmes, et non à leur entourage. Cela ne prouverait aucunement qu'ils n'aient pas frappé leurs sens extérieurs par une forme physiquement sensible : car un esprit peut très bien, tout en se rendant extérieurement visible à quelqu'un, rester invisible à tous autres qu'à lui. Sainte Françoise nous représente son ange jetant la nuit une telle lumière, qu'elle peut lire son office aux rayons qui s'en dégagent ; sa présence est donc bien physique. Parlant de lui, elle fait mine de lui poser la main sur la tête, mais, déclare-t-elle, sans rien sentir au toucher : le corps de son ange était donc formé de linéaments aériens sans consistance matérielle. Il lui rend mille services qui le supposent bien réellement présent et agissant à ses côtés : cueillons une de ces anecdotes, la plus caractéristique et la plus délicieuse de toutes.

Un jour que sainte Françoise portait son petit-fils Girolamo, tout à coup Satan lui apparaît ; l'enfant, tout comme elle, voit l'horrible spectre et se débat entre les bras de son aïeule. Celle-ci le marque du signe de la croix, mais sans réussir à calmer sa frayeur. Alors l'ange familier s'incline devant la sainte, en lui tendant ses deux bras. Françoise lui remet l'enfant et, chose merveilleuse, on voit le petit être suspendu en l'air sans soutien apparent, puis doucement porté et déposé dans son berceau. Il n'a plus peur, il sourit à l'archange qui le caresse comme une mère, et semble l'envelopper dans les rayons émanant de sa belle chevelure d'or ("Comtesse de Rambuteau, sainte Françoise Romaine", p. 159).

Sainte Lidwine obtint un jour qu'une de ses amies vît son ange familier. "Tenez-vous, lui dit-elle, dans une posture respectueuse, il va vous apparaître". Et il se montra à cette femme, le visage tout rayonnant, les vêtements blancs comme neige. "Ange, mon frère, dit alors Lidwine, je vous prie de permettre à ma sœur de contempler un instant la beauté de vos yeux". Et l'ange fixa la pieuse amie d'une manière si douce et si gracieuse, qu'elle en fut hors d'elle-même et que, pendant plusieurs jours, elle ne fit que pleurer sans pouvoir prendre aucune nourriture (Act. SS. Ap., Tom. II, p. 317).

Ces manifestations touchantes démontrent à mon sens la réalité extérieure de ces apparitions. Disons, en terminant, que cette faveur d'un ange familier continuellement visible fut accordée à plusieurs saintes et saints : notamment au bienheureux Dalmace Monier, de l'ordre de Saint-Dominique et, plus près de nous, à la vénérable Anne de Xainctonge, fondatrice des Ursulines en Bourgogne au dix-septième siècle.

J'ai déjà discuté l'apparition du séraphin à sainte Thérèse : elle eut un effet physique, la transverbération de son cœur ; mais il semble qu'elle l'ait eu par une sorte de répercussion car, dit la sainte, "la douleur fut principalement spirituelle". Il est aussi à remarquer que le corps même de la sainte ne fut pas transpercé à l'endroit du cœur ; le cœur seul se trouva atteint. Il y a là quelque chose de mystérieux, démontrant que les phénomènes divins relèvent de lois particulières. Un autre fait, rapporté également en mon étude, peut servir à comprendre celui-ci. Saint Thomas est endormi ; il voit en songe, donc imaginativement, deux anges lui ceindre la taille d'une ceinture ; mais, en même temps, ils sent autour des reins une étreinte si forte qu'elle lui cause une douleur aiguë et il s'éveille en poussant de grands cris. La vision en elle-même est imaginative ; seulement elle est accompagnée d'une douleur physique et très accentuée provoquée par les anges sur le jeune homme endormi. De même si, comme quelques-uns le pensent, la vision de sainte Thérèse fut imaginative, il y eut une action concomitante du séraphin qui atteignit du même coup son âme spirituelle et son cœur de chair, qui fut par conséquent tout à la fois psychique et physique. Il n'est pas possible, à mon sens, d'admettre que la seule imagination de la sainte ait pu produire la merveilleuse et très authentique transverbération de son cœur. Un tel phénomène relève de Dieu et d'une opération surnaturelle. Aussi bien la sainte ne put-elle vivre désormais, le cœur transpercé, sans un miracle. La suite de mon étude, comme il est aisé de s'en rendre compte, relate un bon nombre d'apparitions angéliques très authentiquement réelles. Qu'on veuille bien se rappeler les paragraphes consacrés à saint Jean de Dieu, à saint Philippe de Néri ; ces approches des esprits célestes se produisent sous une forme accessible à tous les yeux, et en présence de témoins. De même quand saint Stanislas, à deux reprises, est communié de la main des anges, l'imagination ne peut expliquer ce phénomène. Il paraît également bien impossible qu'elle ait été le siège des surprenantes merveilles qui surabondent dans la vie de Benoîte de Laus, d'Agnès de Langeac, et à fortiori de sainte Marie Françoise des Cinq-Plaies. L'ange conduisant la sœur Catherine Labouré aux pieds de la sainte Vierge, et lui servant de flambeau durant la nuit, rappelle exactement l'ange de sainte Françoise Romaine, et se présente, lui aussi, avec les caractères d'une apparition dont la réalité physique est indéniable.

J'aurais pu extraire de la vie des saints bien d'autres faits. Qui n'a admiré au Louvre le fameux tableau de Murillo, appelé vulgairement "La Cuisine des Anges" ? Un frère cuisinier, saint Diego, est ravi en extase : le voici à gauche du tableau, soulevé de terre, les mains jointes, les jambes repliées comme quelqu'un que l'influx divin a surpris à genoux ; une lumière intérieure transpire de sa face amaigrie et plaquée de bistre, elle enveloppe sa tête et son corps comme d'une auréole. Les anges le suppléent dans son office : il y en a de grands à larges ailes, qui vont à l'eau, mettent le couvert, font chauffer la marmite sur le fourneau qui rougeoie ; puis de petits, joufflus et espiègles, avec des ailes ébauchées comme des ailes de pigeon, qui jouent avec des tomates et des concombres. Sur ces entrefaites entre dans la cuisine, par une porte de gauche, le prieur du couvent suivi de deux gentilshommes et un bon frère y pénètre par une porte du fond. Tous sont ébahis en voyant cette chose étrange : le cuisinier, ravi au ciel, et les anges du ciel faisant sa cuisine. Le pinceau divinement réaliste de Murillo s'est joué dans cette scène, il en a inventé les détails et agrémenté l'ordonnance. Il n'a pas inventé le fait lui-même, qui est tiré de la légende de saint Diego, comme le labour des anges est pris authentiquement de la vie de saint Isidore.

Mais j'en ai dit assez sur l'assistance des anges. Elle ressort clairement de ces pages qui réjouiront, je l'espère, les âmes chrétiennes. J'ose le dire, il n'est pas un vrai chrétien, vivant de la foi qui, un jour ou l'autre, n'ait senti en soi-même et autour de soi l'influence bienfaisante des anges : par je ne sais quel éclair soudain qui, en un instant, dissipe les ténèbres de l'esprit, par une allégresse intérieure qui chasse la tristesse et rassérène le cœur, par une rencontre providentielle, par la solution inespérée d'une affaire épineuse, par l'écartement d'un danger imprévu. En ces moments, on a la sensation d'être subitement entouré d'effluves de chaude lumière, d'être porté et mis à l'abri par des mains invisibles. Ce sont les bons anges de Dieu qui remplissent leur office vis-à-vis des créatures faibles et ignorantes que nous sommes. Ils y apportent la condescendance d'êtres supérieurs, la charité d'amis fidèles, le dévouement et l'empressement de serviteurs de Dieu qui honorent en nous la filiation divine.

Quoi d'étonnant si, parfois, eux, les discrets amis, parlent plus clairement à notre imagination par des songes et visions ; et même s'ils prennent une apparence sensible pour se montrer à nos yeux ! C'est Dieu qui permet quand bon lui plaît, pour des motifs relevant de sa sagesse et de sa bonté, ces phénomènes exceptionnels. La sainte Ecriture en mentionne un bon nombre qui ne laissent aucun doute sur leur réalité ; la vie des saints ne fait qu'ajouter des anneaux à la chaîne scellée dans les livres inspirés.

Cette doctrine des saints anges est une excellente réfutation des erreurs du spiritisme. Il y a, égarées dans le spiritisme, des âmes de bonne foi que le matérialisme repousse autant que le surnaturel les attire. Qu'elles viennent à nous ; elles trouveront au foyer de l'Eglise, Jésus-Christ, suprême Médiateur, et les anges médiateurs subordonnés à lui. Là, tout est noble, pur, élevé et élevant, digne de Dieu qui se communique à l'homme, digne de l'âme humaine qui est faite pour Dieu.

Que les partisans trompés du spiritisme veuillent bien peser attentivement les considérations que voici. Les phénomènes divins et angéliques doivent être irréprochables : ils supposent une intervention de l'infinie sagesse et de l'infinie bonté. Toute incohérence, toute note licencieuse et bouffonne, décèle une origine suspecte. Ils doivent s'imposer d'autorité : s'ils témoignent d'une condescendance, ils n'impliquent pas une déchéance. Une familiarité insinuante et rampante ne leur convient nullement. Ils inspirent tout d'abord une terreur sainte qui, bientôt, se transforme en joie, en confiance, en sécurité, alors que les phénomènes opposés débutent par une joie malsaine, sorte d'enivrement factice, que suit de près un malaise insurmontable et un profond dégoût.

Enfin, les phénomènes divins et angéliques sont à l'état d'exception. Dieu ne dérange pas à tout propos l'ordre mondial, qui comporte des intermédiaires purement spirituels entre les êtres humains et Lui-même Esprit infini. L'influence de ces agents spirituels s'exerce, comme se répand la lumière, comme vibrent les fluides, sans bruit ni secousse, en sorte qu'aux esprits distraits elle peut passer inaperçue. En réalité, elles nous enveloppe de tous côtés comme une atmosphère vivifiante, qui nous transmet le rayonnement de l'éternelle lumière. Si, parfois, il plaît à Dieu que se soulève un coin du voile cachant les réalités invisibles, par une intervention plus directe d'un esprit angélique, par sa présence manifestée à l'imagination et aux sens, c'est pour nous réveiller de notre inattention, pour nous forcer à considérer le mystère qui nous entoure et dans lequel nous sommes plongés comme à notre insu. D'après saint Augustin, Dieu ne se propose pas un autre but que celui-là en opérant des miracles, en envoyant aux hommes des apparitions et des visions.

Grâce à cette disposition providentielle, l'existence du monde invisible est affirmée mais, en même temps, la ligne de démarcation entre lui et le monde visible est maintenue. Au contraire, dans la doctrine des spirites, les notions sont confondues et les frontières effacées ; les phénomènes qu'ils provoquent à l'état endémique constituent une intrusion anormale et violente des esprits dans les régions corporelles ; ils sont excessifs, troublants, sans dignité ; et le charme exquis du mystère s'évanouit chez eux dans la banalité monotone et désespérante de communications sans but et sans portée.

En résumé, ici comme ailleurs, la doctrine catholique tient le juste milieu, qui est celui de la vérité, entre deux erreurs extrêmes : l'erreur de ceux qui nient l'existence du monde invisible, ou qui mettent en doute la possibilité d'entrer en relation avec lui ; et l'erreur de ceux qui confondent entre eux les deux mondes spirituel et corporel, et se croient exempts d'illusions en sollicitant des communications journalières avec les esprits. La vérité, c'est que ces mondes existent, mais profondément distincts l'un de l'autre ; que, dans l'état ordinaire des choses, le monde invisible exerce une influence constante, mais toute spirituelle, sur le monde visible ; que, par exception, les esprits composant le monde supérieur peuvent se manifester et se manifestent, quelquefois, à l'imagination et aux sens des créatures humaines ; que Dieu permet, quand il lui plaît, ces manifestations pour la justification de la foi de son Eglise et pour la consolation de ses serviteurs.

Table des matières

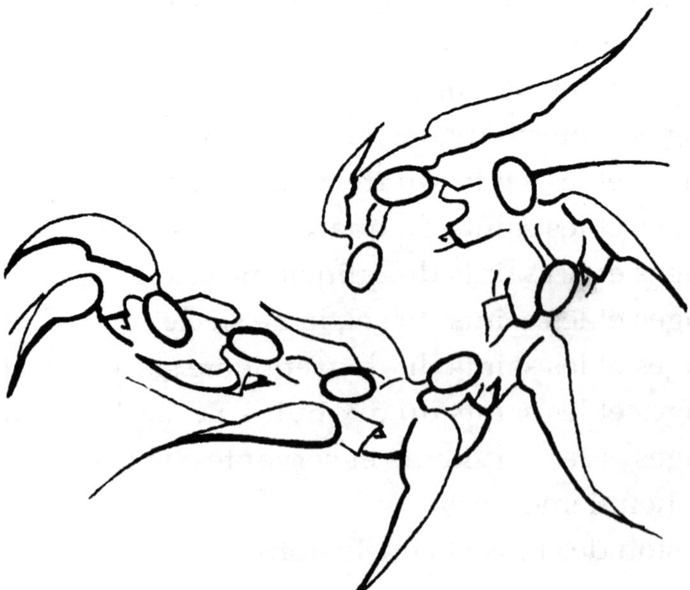

Nous tenons à exprimer notre gratitude à Frère Bertand du Monastère de la Sainte-Espérance de Mesnil-Saint-Loup ainsi qu'au père Philibert de l'Abbaye Notre-Dame du Bec-Hellouin pour leur aimable collaboration et leur autorisation gracieuse de cette réédition.

L'Éditeur

Editions Bénédictines

Place des Augustins - 36170 Saint-Benoît-du-Sault

N° Éditeur 2-910972
ISBN 2-910972-01-1
ISSN 1262-3199

Conception Editions Bénédictines
Gravure Laserphot (Châteauroux)
Impression Sodimass (Chabenet)

Achevé d'imprimer en juin 1995

Dépôt légal : juin 1995 ©